D1857594

Mit diesem Kochbuch möchten wir vor allem neuen VeganerInnen und jenen Menschen, die es vielleicht noch werden wollen, eine Übersicht über die Vielfalt der veganen Küche geben. Die Phrase „Was kannst du denn dann überhaupt noch essen?“ dürften sicher viele von euch schon einmal gehört haben. Aber dank der Gerichte, die sich mit diesem Buch zaubern lassen, ist dieses Vorurteil wirklich problemlos zu widerlegen. Denn eine vegane Ernährung kann ausgewogen und unglaublich abwechslungsreich sein - und das, ohne dass Tiere dafür ausgebeutet oder umgebracht werden müssen!

Wir haben bei der Auswahl unserer Rezepte oft darauf geachtet, dass die Zutaten erschwinglich und leicht erhältlich sind. Schließlich soll das Ganze ein Kochvergnügen für alle werden. Wenn du Fragen zu Rezepten oder zu diesem Kochbuch hast, dann kannst du uns eine eMail unter: ***kochbuch@compassionmedia.org*** schicken.
Also, viel Spaß beim Schnibbeln, Kochen und Genießen!
Und nicht vergessen – veganes Essen schmeckt doppelt so lecker,
wenn du es mit Freunden teilst :)

Marc, Lies & Deni

Inhaltsverzeichnis

Impressum

Vegan lecker lecker!
Marc Pierschel, Lies Hermans, Denise Kästner
6. Auflage, Dezember 2011
ISBN 978-3-00-026420-7

gedruckt auf Recyclingpapier
(aus 100 % Altpapier)

a division of roots of compassion eG
Heisstraße 51, 48145 Münster
www.compassionmedia.org

Layout / Konzept: Marc Pierschel

Dank an: Cato (Dahl), Joke (Kokoskuchen), Michi, Sonni, Johanna (Korrekturen), Wikipedia (Infoboxen).

Ein paar Tipps und Hinweise

- Die ***Zubereitungszeiten*** sind Richtwerte und hängen vom jeweiligen Ofen bzw. Herd ab. Also am besten beim Kochen immer ein Auge auf das Geschehen haben!
- Viele ***Mineralien und Vitamine*** liegen bei den meisten Obst- und Gemüsesorten direkt unter der Schale. Kommen diese aus konventionellem Anbau, siedeln sich dort aber auch die Pestizide an. In diesem Fall solltest du das Obst oder Gemüse vor der Weiterverarbeitung schälen. Wir raten zu biologisch angebauten Produkten.
- ***Saisonal und regional:*** Nicht überall wächst alles und schon gar nicht immer! Tomaten im Winter sind wohl das beste Beispiel dafür, dass bei Produkten auch auf die Ökobilanz geachtet werden sollte. Denn der Anbau von Tomaten in riesigen Gewächshäusern verschlingt einerseits Unmengen von Energie und Wasser. Andererseits werden durch lange Transportwege Massen an CO_2 produziert. Daher ist es sinnvoll beim Kauf auf saisonale Produkte aus der Region zu achten. Unterstütze am besten kleinere, lokale ProduzentInnen. Ihre Produkte sind in der Regel frischer (da kein langer Transportweg) und qualitativ hochwertiger.
- Beim Kochen und Backen laufen ***chemische Reaktionen*** ab, die nicht immer gelingen. Wenn dein Hefeteig mal nicht aufgegangen ist oder du die Suppe versalzen hast – nur nicht demotivieren lassen. Das passiert auch den besten KöchInnen. Aus Fehlern lernt man schließlich, und beim nächsten Mal klappt es dann bestimmt!
- ***Kochen für viele:*** Wenn du dieses Zeichen 👥 neben einem Gericht findest, dann bedeutet dies, dass das Rezept gut zum Kochen von großen Mengen geeignet ist. Also einfach die Angaben auf die gewünschte Anzahl von Portionen hochrechnen und schon kann es losgehen!
- ***Zutaten:*** Für einige Gerichte benötigst du Zutaten, die manchmal nicht vegan sein können, wie etwa Margarine oder Semmelbrösel. Deshalb immer einen Blick auf die Inhaltsstoffe werfen und im Zweifelsfall beim Hersteller nachfragen!

Abkürzungen

EL - Esslöffel
TL - Teelöffel
Msp - Messerspitze
Pck - Packung oder Päckchen
ml - Milliliter
l - Liter
g - Gramm
kg - Kilogramm
👥 - geeignet für große Mengen
☺ - geeignet für X Personen
★ - einfach
★★ - mittel
★★★ - anspruchsvoll
🕓 - schnell
🕓🕓 - dauert länger
🕓🕓🕓 - sehr zeitintensiv

Vegan?

Menschen, die vegan leben, lehnen aus verschiedenen Gründen den Konsum von tierlichen Produkten ab.
Während VegetarierInnen lediglich kein Fleisch verzehren, wollen vegan lebende Menschen möglichst jegliches Tierleid vermeiden. Sie achten bei Lebensmitteln, Bekleidung, Kosmetika, etc. darauf, dass diese frei von tierlichen Bestandteilen sind und kein Tier während des Herstellungsprozesses ausgebeutet oder getötet wurde. VeganerInnen konsumieren daher auch keine Eier, keine Milch, keinen Honig und keine Lebensmittel mit tierlichen Inhaltsstoffen. Darüber hinaus lehnen sie auch Pelz, Leder, Wolle, Daunen oder Seide ab sowie Produkte, die im Tierversuch getestet wurden.

Unter ethischen Gesichtspunkten ist der Veganismus die logische Konsequenz des Vegetarismus.

Wenn Menschen Tieren das Recht auf Leben, Unversehrtheit und Freiheit anerkennen wollen, sollten sie sich nicht an ihrer Ausbeutung beteiligen.

Veganismus als Ernährungsform ist für jede Lebensphase geeignet, erfordert aber - wie jeder Ernährungsstil - eine bewusste Auseinandersetzung mit Nahrung, um Nährstoffdefizite zu vermeiden.

Für eine detaillierte Einführung in die vegane Ernährung empfehlen wir folgende Bücher:
- Kath Clements "Vegan" und
- Dr. Gill Langley "Vegane Ernährung"

sowie die vegane Ernährungstabelle, erhältlich bei roots of compassion (www.rootsofcompassion.org).

Vegane Basics

schwierigkeit: ★
zubereitung: 🕓
menge: 200g / 100g

Hefeschmelz & Co.

Diese beiden Saucen sind ideal zum Überbacken von Pizza, Lasagne und Aufläufen.

Variante 1:

- 2 EL Margarine
- 4 EL Hefeflocken
- 3 TL Mehl
- 1 TL Salz
- 1 Prise süßes Paprikapulver
- 1 Prise Kurkuma
- 1 Prise Pfeffer
- 150ml Wasser oder Sojamilch
- 1 TL Senf

1. Die Margarine in einem Topf zum Schmelzen bringen. In einer kleinen Schale alle trockenen Zutaten zusammenmischen.
2. Die Mischung und den Senf in die geschmolzene Margarine geben und mit einem Schneebesen verrühren. Das Wasser dazu gießen und weiter verrühren, so dass ein dicklicher Brei entsteht. Für eine flüssigere Konsistenz noch etwas Wasser oder Sojamilch dazu geben.

Variante 2:

- 2 EL weißes Mandelmus
- 50ml Sojamilch
- 1 TL Gemüsebrühepulver
- 2 EL Hefeflocken
- 1 Prise süßes Paprikapulver
- 1 Prise Kurkuma
- 1 Prise Pfeffer

1. Den Mandelmus mit der Sojamilch in einer kleinen Schale cremig rühren. Das Gemüsebrühepulver und die Hefeflocken dazugeben und verrühren, bis eine dickflüssige, zähe Masse entstanden ist.
2. Mit den Gewürzen abschmecken. Voila!

Angebratener Tofu

schwierigkeit: ★
zubereitung: 🕓
menge: 200g

Tofu wurde erstmals im 2. Jahrhundert v. Chr. im Kaiserreich China hergestellt und hat sich während der Nara-Periode der japanischen Zeitrechnung (8. Jahrhundert) über Korea und ganz Asien verbreitet. Tofu wird aus einem weißen Sojabohnen-Teig hergestellt, der bei der Koagulation (Gerinnung) von Sojamilch entsteht. Der Quark, der daraus hervorgeht, wird anschließend zu Blöcken gepresst.

- 200g Tofu
- 2 El Bratöl
- Sojasauce
- 1 EL Sesam

1. Den Tofu in schmale Streifen schneiden.
2. Das Öl in einer Pfanne erhitzen und dann den Tofu hineingeben. Hin und wieder wenden.
3. Wenn der Tofu außen knusprig gelb ist, ihn aus der Pfanne nehmen und in einer kleinen Schale in Sojasauce baden und gut umrühren. Fertig!
4. Mit geröstetem Sesam bestreut zu Gemüse, Reis oder Nudeln servieren.

Tipp:
Angebrochenen Tofu in einem geschlossenen, mit Wasser gefüllten Gefäß im Kühlschrank aufbewahren. Täglich den Tofu spülen und das Wasser wechseln. In 2-3 Tagen aufbrauchen.

schwierigkeit: ★ ★
zubereitung: 🕓
menge: 400ml

Sojanaise

- 125ml Sojamilch
- 2 TL Zitronensaft
- 250ml Pflanzenöl (neutral)
- 2 TL Essig
- 1 TL Zucker oder Sirup
- 1 TL Senf
- Salz
- etwas Pfeffer

(Zutaten sollten Zimmertemperatur haben)

1. Zuerst die Sojamilch in eine hohe Schüssel gießen, welche für einen Pürierstab geeignet ist. Den Zitronensaft hinzugeben und mit einem Löffel umrühren.
2. Das Öl sollte sich in einem Gefäß befinden, aus dem es sich gut gießen lässt.
3. Nun den Pürierstab oder Mixer in das Gefäß halten, auf höchste Stufe stellen und dann sehr, sehr langsam das Öl hinzugießen (kann schon gut eine Minute dauern).
4. Bald wird die Konsistenz der Öl-Sojamilch-Mischung etwas dicker. Immer schön weitermixen, bis das gesamte Öl mit der Sojamilch vermengt ist.
5. Essig, Zucker und Senf beifügen und die Sojanaise mit Salz und Pfeffer abschmecken. Nochmals durchmixen. Fertig!

Seitan (deluxe)

schwierigkeit: ★
zubereitung: 🕐 🕐
menge: 500g

Seitan (Mianjin, Weizengluten) ist ein Produkt aus Weizeneiweiß mit fleischähnlicher Konsistenz. Es stammt aus der chinesischen Küche und wurde ursprünglich von vegetarisch lebenden Mönchen entwickelt.

- 3 Knoblauchzehen
- + die gleiche Menge Ingwer
- 250g Weizengluten
- 4 EL Hefeflocken
- 1 TL Salz
- 2 TL süßes Paprikapulver
- 1/4 TL Zimt
- 1/4 TL Cumin
- 1/2 TL Pfeffer
- 1 Msp Cayenne Pfeffer
- 1 TL Gemüsebrühe
- 200ml kaltes Wasser
- 4 EL Tomatenpassata
- 1 EL Sojasauce
- 2 EL Olivenöl
- 1 EL vegane Worcestershire-Sauce

1. Ingwer und Knoblauch schälen und beides in sehr kleine Stücke schneiden.
2. In einer großen Schale mit allen trockenen Zutaten vermischen. Die flüssigen Zutaten in eine kleine Schale gießen und verrühren.
3. Die flüssige Mischung zu der trockenen geben und beide vermengen. Dann den daraus entstandenen Teig ein paar Minuten lang kneten.
4. Aus dem Teig eine ca. 20cm lange Rolle formen. Diese danach wie ein Bonbon in ein Stück Alufolie wickeln und im vorgeheizten Ofen ca. 70 Minuten bei 175°C backen lassen.
5. Nach dem Backen den Seitan auswickeln und abkühlen lassen. Nun kannst du ihn essen, weiterverarbeiten oder gekühlt aufbewahren.

Tipp:
Seitan deluxe klein schneiden und mit Grillgewürz bestreut in einer Pfanne braten und für Wraps oder Veggie 'Döner' nutzen.

Hauptgerichte

Pizza!

schwierigkeit: ★
zubereitung: 🕓 🕓
menge: 1 Backblech

Teig:
- 400g Mehl
- 3 TL Backpulver
- 1 TL Salz
- 2 EL Olivenöl
- 200ml Wasser oder Sojamilch

Sauce:
- 150ml Tomatenpassata
- 3 EL Olivenöl
- Salz und Pfeffer
- Kräuter! (Oregano, Basilikum, Thymian, Rosmarin, etc.)

1. Das Mehl in eine große Schüssel geben und mit dem Backpulver und Salz vermischen. Öl und Wasser hinzugeben und gut umrühren. Wenn alles vermischt ist, aus der Schüssel nehmen und gut kneten.

2. Auf der mit Mehl bestäubten Arbeitsplatte den Teig mit einer Teigrolle auf die Größe des Backblechs ausrollen. Den Teig auf das gefettete Backblech geben und in die richtige Form bringen.

3. Die Zutaten für die Pizzasauce in einer kleinen Schale vermischen und auf den Teig streichen.

4. Dann den gewünschten Belag auf die Sauce legen. Wer will, kann etwas Öl darüber geben oder Hefeschmelz (Seite 6) bzw. veganen Käse auf der Pizza verteilen.

5. Dann im Backofen 20-30 Minuten bei 180°C backen.
Wenn der Teigrand leicht braun ist, ist die Pizza in der Regel fertig!

Tipps:
Wenn du Salat oder frischen Spinat auf der Pizza magst, solltest du diesen erst 10 Minuten bevor die Pizza gar ist drauflegen, da er sonst austrocknet.
Wer keinen Ofen hat, kann den Pizzaboden auch in einer Pfanne garen und den Belag mit der Sauce in einem Topf braten bzw. kochen und dann auf den Boden geben.
Wer sich nur einmal die Hände klebrig machen möchte, kann einfach die doppelte Menge an Teig zubereiten und eine Hälfte einfrieren.

schwierigkeit: ★
zubereitung: 🕓 🕓
menge: ☺ ☺

Spaghetti Grünkernese

- 1 Tasse Grünkernschrot
- 1-3 Knoblauchzehen
- 1 EL Gemüsebrühe
- 2 EL Sonnenblumenkerne
- 1 große Zwiebel
- 1 große Möhre
- 40g-50g Knollensellerie
- 1 Tasse Wasser
- 125g Tomatenmark
- Olivenöl
- italienische Kräuter

1. Den Grünkernschrot und den gepressten Knoblauch in einen Topf geben und in etwas Olivenöl unter Rühren ca. 2 Minuten lang anbraten.
2. Gemüsebrühenpulver dazugeben und alles mit Wasser übergießen, bis dieses die Zutaten ca. 2cm hoch bedeckt. Alles kurz aufkochen und dann quellen lassen.
3. Im zweiten Topf die Sonnenblumenkerne etwas anrösten, Öl hinzufügen und die Zwiebel mit anbraten, bis sie glasig ist.
4. Währenddessen die Möhre und das Stück Sellerie raspeln. Dann zusammen mit dem Wasser und dem Tomatenmark in den Topf geben.
5. Nun den gequollenen Grünkernbrei untermischen und alles nochmal aufkochen.

Tipp:
Passt besonders gut zu Vollkorn-Spaghetti (ca. 100g pro Person).

Tofu Satay mit Erdnusssauce

schwierigkeit: ★ ★
zubereitung: 🕓 🕓
menge: ☺ ☺

Spieße:
- 200g Tofu
- 1 rote Paprika
- 1 grüne Paprika
- 1 Apfel
- 100g Ananas
- Öl

Tofu-Marinade:
- 1 EL Sojasauce
- 1 TL Currypulver
- 1 TL süßes Paprikapulver
- 1 EL Orangensaft

Erdnusssauce:
- 1 Zwiebel
- 1 Knoblauchzehe
- 100ml Kokosmilch
- 2 EL Erdnussbutter
- 1 EL Agavendicksaft oder Zucker
- 1 EL Sojasauce
- 1 EL Zitronensaft
- 1 Msp Chilipulver

1. Den Tofu in ca. 1,5cm große Würfel scheiden und mit der Sojasauce, dem Curry- und Paprikapulver und Orangensaft für einige Stunden marinieren.

2. Die Paprikaschoten, den Apfel und die Ananas in ebenso große Stücke schneiden und zusammen mit dem Tofu auf Holzspieße stecken. Diese mit Öl bestreichen oder übergießen und dann im vorgeheizten Ofen bei 180°C für 15-20 Minuten backen.

3. In der Zwischenzeit die Zwiebel und den Knoblauch klein schneiden und in einem Topf ca. 5 Minuten anbraten.

4. In einer kleinen Schale Kokosmilch, Erdnussbutter, Agavendicksaft, Sojasauce, Zitronensaft und Chilipulver zu einer Sauce rühren und zu den Zwiebeln geben und kurz aufkochen.

5. Die Spieße auf einem Teller anrichten und die Sauce darübergeben.

Tipp:
Dazu passt gut weißer Reis.

schwierigkeit: ★
zubereitung: 🕓
menge: ☺ ☺

Champignons & Tempeh

Tempeh ist ein traditionelles Fermentationsprodukt aus Indonesien, das durch die Beimpfung von gekochten Sojabohnen mit verschiedenen Schimmelpilzen entsteht. Tempeh ist ernährungsphysiologisch sehr wertvoll, da die Schimmelpilze die Proteine der Bohnen aufschließen. Es zeichnet sich durch einen hohen Gehalt an hochwertigem Eiweiß und Ballaststoffen aus.

- 1 Zwiebel
- 2 TL Olivenöl
- 2 Knoblauchzehen
- 250g Tempeh
- 2 TL indisches Currypulver
- 75g Champignons
- 2 mittelgroße Tomaten
- 250ml Kokosmilch
- 2 TL Sojasauce
- 2 TL süßes Paprikapulver
- 1 Msp Chilipulver

1. Die Zwiebel klein schneiden und in einer großen Pfanne in Olivenöl anbraten, bis sie fast glasig ist. Unterdessen den Knoblauch kleinhacken, Tempeh würfeln und in die Pfanne geben.
   Alles mit dem Currypulver bestreuen und ca. 10 Minuten anbraten.
2. Champignons und Tomaten zerkleinern und hinzufügen.
3. Sobald die Champignons weich werden, die Kokosmilch und Sojasauce in die Pfanne gießen. Das Paprika- und Chilipulver hinzugeben und köcheln lassen, bis die Sauce dick geworden ist.

Tipp:
Dazu schmeckt am besten Reis.

Dahl

schwierigkeit: ★
zubereitung: 🕓 🕓
menge: ☺ ☺ ☺ ☺

Dahl ist ein Grundnahrungsmittel in der indischen Küche, das vorwiegend aus Hülsenfrüchten zubereitet wird. Durch die lange Kochzeit zerkochen die Hülsenfrüchte zu einer Art Brei, der kräftig gewürzt wird. Es gibt eine Vielfalt an Rezepten.

- 25ml Öl
- 2 Knoblauchzehen
- 1 Zwiebel
- ½ TL Kurkuma
- 1 TL Garam Masala
- ¼ TL Chilipulver
- 1 TL gemahlener Kreuzkümmel
- 1kg Tomaten
- 175g rote Linsen
- 2 TL Zitronensaft
- 600ml Gemüsebrühe
- 300ml Kokosmilch
- Salz und Pfeffer

1. Das Öl in einem großen Topf erhitzen. Knoblauch und Zwiebeln klein schneiden und dazugeben und unter Rühren 2-3 Minuten im Öl anbraten. Kurkuma, Garam Masala, Chilipulver und Kreuzkümmel hinzufügen und weitere 30 Sekunden anbraten.
2. Die Tomaten würfeln und mit roten Linsen, Zitronensaft, Gemüsebrühe und Kokosmilch hinzugeben und alles zum Kochen bringen.
3. Die Hitze reduzieren und die Suppe nicht abgedeckt ca. 25-30 Minuten köcheln lassen, bis die Linsen weich gekocht sind. Gelegentlich rühren, damit die Linsen nicht am Topfboden anbrennen.
4. Mit Salz und Pfeffer abschmecken.

schwierigkeit: ★
zubereitung: 🕓 🕓
menge: ☺ ☺

Paella

Paella ist ein spanisches Reisgericht aus der Pfanne. Der Begriff 'Paella' stammt vom lateinischen Wort patella (eine Art große Platte oder flache Schüssel aus Metall). Um 1900 adaptierten die Valencianer das Wort Paella für die Metallpfanne, in der ihr Nationalgericht zubereitet wird.

- 225g Risottoreis (oder Naturreis)
- 30ml Olivenöl
- 1-2 große Zwiebeln
- 2 Knoblauchzehen
- 2-4 Tomaten oder Tomatenmark
- 500ml Gemüsebrühe
- 1 Dose Mais-Paprika-Erbsen-Mix
- 100g grüne Oliven
- 4-6 Champignons
- Kreuzkümmel, Salz, Pfeffer, Currypulver

1. Den Reis in einer großen Pfanne mit Olivenöl anbraten, bis er goldgelb ist. Dann die Zwiebeln, Knoblauchzehen und Tomaten klein schneiden und hinzufügen.

2. Gleich darauf die Gemüsebrühe dazu geben. Nun alles bei geringer Hitze kochen und regelmäßig umrühren.

3. Hat der Reis die Flüssigkeit nach etwa 20-30 Minuten aufgenommen, die restlichen Zutaten hinzufügen und alles 5 Minuten bei geringer Hitze kochen lassen. Fertig!

Tipp:
Die Paella lässt sich auch prima mit angebratenen Seitanstreifen von Seite 9 kombinieren.

Indisches Möhrencurry

schwierigkeit: ★
zubereitung: 🕓 🕓
menge: ☺ ☺ ☺

- 600g Möhren
- 1 Zwiebel
- 3 EL Öl
- 2 Bananen
- 150g Cashewkerne
- 2 EL Currypulver
- 1 TL Kurkuma
- 1 EL geriebener Ingwer
- 2 EL Kokosraspeln
- 250ml Orangensaft
- 125ml Gemüsebrühe
- 250ml Sojamilch oder Kokosmilch
- Salz und Pfeffer

1. Die Möhren und die Zwiebel klein schneiden und in einem großen Topf in heißem Öl kurz anbraten.
2. Die Bananen zerdrücken und mit Cashewkernen, Currypulver, Kurkuma, Ingwer und Kokosraspeln dazugeben.
3. Alles mit Orangensaft und Brühe aufgießen und 5-10 Minuten kochen lassen.
4. Soja- oder Kokosmilch hinzufügen. Abschließend mit Salz und Pfeffer abschmecken. Voilà!

Tipp:
Schmeckt vorzüglich mit Reis.

Chili con Tofu

schwierigkeit: ★
zubereitung: 🕓
menge: ☺ ☺ ☺

Chili ist die Bezeichnung eines scharfen Gerichtes, welches seinen Ursprung im Süden der Vereinigten Staaten hat. Fälschlicherweise wird es immer wieder der mexikanischen Küche zugeschrieben. Dort ist es jedoch nur im Grenzgebiet zu den USA oder in großen Touristenzentren verbreitet.

- 500g Tofu
- Öl
- 2 Zwiebeln
- 2 rote Paprika
- 2-3 EL Tomatenmark
- 1 EL Senf
- 3 Knoblauchzehen
- 1 Prise Zucker
- etwas Chilipulver
- süßes Paprikapulver
- Salz
- 2 EL Essig
- 5 Tomaten
- 300g Mais
- 300g Kidneybohnen (vorgekocht)
- Cayennepfeffer

1. Tofu würfeln und in einer Pfanne mit Öl knusprig anbraten und beiseite stellen.
2. Zwiebeln klein schneiden und in einem Topf dünsten, bis sie glasig sind.
3. Zerkleinerte Paprikas, Tomatenmark, Senf, gepresste Knoblauchzehen, Zucker, Chilipulver, Paprikapulver und Salz dazugeben.
   Alles aufkochen lassen und mit Essig ablöschen.
4. Die Tomaten in kleine Stücke schneiden, in den Topf geben und einkochen lassen.
5. Tofu, Mais und Bohnen hinzufügen und das Chili mit Cayennepfeffer abschmecken.
6. Alles nochmals erhitzen. Fertig!

Tipp:
Dazu passt hervorragend Baguette (Seite 83).

Burritos

schwierigkeit: ★ ★
zubereitung: 🕒 🕒
menge: ☺ ☺

- 1 große Zwiebel
- 2 Knoblauchzehen
- 1 kleine rote Paprika
- 1 kleine grüne Paprika
- 100g Tofu (oder Soja-Granulat)
- 150g Mais
- 150g Kidneybohnen
- 200ml Tomatenpassata
- 100ml Wasser
- 1 Msp Chilipulver
- 1/2 TL Kreuzkümmel
- 1 TL Oregano
- Salz & Pfeffer

Es werden außerdem benötigt:

Guacamole *(Seite 91) und*
Weizenmehltortillas *(Seite 86)*

1. Die Zwiebel und den Knoblauch klein schneiden und in einem Topf mit reichlich Öl anbraten, bis die Zwiebeln glasig sind.
2. Die beiden Paprikaschoten klein scheiden, den Tofu mit der Hand zerbröseln und dazugeben. Alles kurz anbraten.
3. Den Mais, die Kidneybohnen, die Tomatenpassata, das Wasser und die Gewürze hinzufügen.
4. Alles ca. 10-15 Minuten bei geringer Hitze köcheln lassen. Dann noch mit Salz und Pfeffer abschmecken. Fertig!
5. Nun die Weizenmehltortillas auf einen großen Teller legen, mit dem Gekochten und etwas Guacamole füllen und einwickeln. Guten Appetit!

schwierigkeit: ★
zubereitung: 🕓
menge: ☺ ☺

Vietnamesische Frühlingsrollen

Hauptgerichte

- eine Hand voll Minzblätter
- 100g Mungbohnensprossen
- 1 große Möhre
- gekochtes Wasser
- 1 Pck Reispapier

Dip:

- 2 EL süße Sojasauce
- 2 EL Erdnüsse

Es wird außerdem benötigt:

Angebratener Tofu *(Seite 7)*

1. Die Minzblätter und Mungbohnensprossen waschen und zusammen mit dem angebratenen Tofu auf einen großen Teller geben.
2. Die Möhre waschen oder schälen und in ca 6-8cm lange Stifte schneiden.
3. Die süße Sojasauce in eine kleine Schale geben (wird zum Dippen benötigt). Dann die Erdnüsse zerhacken und unter die süße Sojasauce rühren.
4. Gekochtes Wasser in eine große Schale schütten, die in etwa die Größe des Reispapiers hat.
5. Nun werden zuerst die Reispapierscheiben in das Wasser getaucht, dann auf einen Teller gelegt, mit Tofu, Mungbohnensprossen und Minzblättern gefüllt und eingewickelt. Dann die Frühlingsrolle in die Erdnuss-Sojasauce tauchen und essen.

Tempura

schwierigkeit: ★ ★ ★
zubereitung: 🕓 🕓
menge: ☺ ☺

Tempura ist eine Zubereitungsvariante frittierter Speisen in der japanischen Küche. Diese Zubereitungsart (in Italien als Fritto misto bekannt) und das Wort Tempura wurden vermutlich im 16. Jahrhundert von portugiesischen Jesuiten-Missionaren übernommen.

Teig:

- 75g Weizenmehl
- 125g Maismehl
- 2 TL Backpulver
- Salz und Pfeffer
- 270ml Wasser

andere Zutaten:

- 1 mittelgroßer Broccoli
- 1 große Zwiebel
- 6-8 Champignons
- ca. 1/2l Pflanzenöl

1. In einer mittelgroßen Schale Weizenmehl und Maismehl zusammen mit dem Backpulver und etwas Salz und Pfeffer vermischen. Das Wasser dazugeben und mit einem Schneebesen kurz verrühren.
2. Den Kopf des Broccoli vom Stiel trennen und in ca. 3cm große Stücke schneiden. Die Zwiebel in große Ringe schneiden, die Champignons putzen.
3. In einem mittelgroßen Topf das Öl erhitzen. (Es ist heiß genug, wenn sich am Stiel eines Holzlöffels, der ins Öl gehalten wird, kleine Bläschen bilden.)
4. In die Teigmischung nun das Gemüse tauchen und danach vorsichtig in das heiße Öl geben. Dabei aufpassen, dass das Gemüse nicht am Boden oder Rand des Topfes kleben bleibt.
5. Wenn der Teigmantel goldbraun ist, das Gemüse herausnehmen und auf einem Bogen Küchenrolle abtropfen lassen. Fertig.

Tipp:
Mit Sojasauce zum Dippen servieren.

schwierigkeit: ★ ★
zubereitung: 🕒 🕒 🕒
menge: ☺ ☺ ☺ ☺

Lasagne

500g vorgekochte Lasagneplatten

rote Sauce:

- 1 EL Sonnenblumenöl
- 1 mittelgroße Zwiebel
- 150g Grünkernschrot
- 700ml Tomatenpassata
- 250ml Wasser
- 1 EL Gemüsebrühe
- 2 Knoblauchzehen
- 1 große Möhre
- 2 große Tomaten
- 150g Champignons
- Sojasauce
- Kräuter der Provence
- Salz und Pfeffer

weiße Sauce:

- 1 Zwiebel
- 50g Margarine
- 250g Mangold oder 1 kleiner Lauch
- 4 EL Mehl
- 300ml Wasser
- ca. 50ml Sojamilch
- 3 EL Hefeflocken
- 1 TL Gemüsebrühe
- 1 Msp Kurkuma
- 1 Msp Curry
- Salz und Pfeffer

Es wird außerdem benötigt:

Hefeschmelz *(Seite 6)*

rote Sauce:

1. Öl in einem Topf erhitzen. Die Zwiebel würfeln und anbraten.
2. Wenn sie glasig ist, den Grünkernschrot beimischen und kurz rösten.
3. Nun die Tomatenpassata, das Wasser und die Gemüsebrühe hineingeben und verrühren. Alles aufkochen und anschließend einige Minuten quellen lassen.
4. Die Knoblauchzehen pressen, die Möhre raspeln, die Tomaten häuten und zerkleinern. Die Champignons in Scheiben schneiden. Dann alle Zutaten in den Topf geben und gut mit der roten Sauce vermischen.
5. Abschließend die Sauce mit einem Schuss Sojasauce, Kräuter der Provence, Salz und Pfeffer würzen und vom Herd nehmen. (Wer es schärfer mag, kann auch Grillgewürz oder ein wenig Chilipulver dazugeben.)

weiße Sauce:

1. Die Zwiebel würfeln und in einem mittelgroßen Topf in der Margarine anbraten, bis sie glasig ist.
2. Pilze und Mangold bzw. Porree klein schneiden und im Topf einige Minuten dünsten.
3. Das Mehl mit ca. 6 EL Wasser in einer Tasse klumpenfrei anrühren und in den Topf gießen.
4. Dann das restliche Wasser und die Sojamilch dazugeben und alles unter ständigem Rühren aufkochen lassen (die Sauce wird dicker).
5. Jetzt mit Hefeflocken, Gemüsebrühe, Kurkuma, Curry, Salz und Pfeffer würzen und alles bei geringer Hitze köcheln lassen, bis der Mangold bzw. Porree weich ist. (Wer mag, kann noch ein wenig Muskatnuss darüber raspeln und/oder eine Messerspitze Senf beimischen).

Zubereitung:

1. Etwas rote Sauce in eine Auflaufform geben, so dass der Boden bedeckt ist. Es folgt eine Schicht Lasagneplatten. Dann die weiße Sauce darüber verteilen. Wieder eine Schicht Nudeln, eine Schicht rote Sauce, eine Schicht Nudeln, weiße Sauce, Nudeln, rote Sauce und ganz zum Schluss, wenn alles verbraucht ist, kommt der Hefeschmelz.
2. Nun alles fix in den vorgeheizten Ofen schieben und bei ca. 175 °C so lange backen, bis der Hefeschmelz leicht goldbraun wird (ca. 20-30 Minuten).

Guten, guten, guten Appetit!

Tipp:
Tomaten lassen sich sehr einfach häuten, nachdem sie für ca. 1 Minute in kochendem Wasser lagen.

schwierigkeit: ★ ★
zubereitung: 🕓 🕓

Kürbis Quiche mit Oliven

Teig:

- 150g Mehl
- 1 TL Backpulver
- 75g Soja-Joghurt oder Seidentofu
- 3 EL Olivenöl
- 2 EL Sojamilch
- 1 Prise Salz
- 1 Prise Oregano

Füllung:

- 1 mittelgroße Zwiebel
- 250g Kürbis (etwa Patisson oder Hokkaido ohne Kerne und Schale)
- 2 Knoblauchzehen
- 100g Räuchertofu
- 1 Tomate
- 200g Tofu
- 100ml Sojamilch
- 3 TL Kräuter der Provence
- Salz und Pfeffer
- 50g schwarze Oliven

1. Mehl und Backpulver mischen. Soja-Joghurt, Öl , Sojamilch und Salz zu einem Teig kneten und in einer eingefetteten Springform (26cm) ausbreiten, und einen Rand von ca. 2cm formen.

2. Die Zwiebeln und den Kürbis würfeln und in einer Pfanne mit etwas Öl anbraten, Knoblauch, Räuchertofu und Tomate klein geschnitten dazugeben.

3. Den Tofu zusammen mit der Sojamilch pürieren, Kräuter, Salz und Pfeffer hinzufügen. Dann das angebratene Gemüse auf den Teig legen, mit der Tofucreme auffüllen und die Oliven darauf verteilen.

4. Bei 180°C ca. 30-35 Minuten backen, bis die Quiche sich an der Oberfläche leicht braun verfärbt.

Tipps:
Der Kürbis lässt sich auch durch anderes Gemüse ersetzen, wie etwa Rosenkohl oder Broccoli!
Die Quiche schmeckt auch kalt sehr lecker.

Mousakas

schwierigkeit: ★ ★
zubereitung: 🕓 🕓 🕓
menge: ☺ ☺ ☺ ☺

Der Mousakas ist eines der bekanntesten griechischen Gerichte.
Typisch ist der Auberginenauflauf aber auch für die rumänische, bulgarische und türkische Küche mit ähnlichen Zutaten und unter verwandtem Namen.

- 450g Soja-Granulat
- 1,5l Gemüsebrühe
- 2 mittelgroße Auberginen
- 3 mittelgroße Kartoffeln
- 1 Knoblauchzehe
- 2 Zwiebeln
- 2 EL Tomatenpassata
- 1 TL Zimt
- 1 EL Petersilie
- 4 EL Margarine
- 4 EL Mehl
- 300ml Sojamilch
- 1 TL Muskat
- Hefeflocken (optional)

1. Das Soja-Granulat in Gemüsebrühe einweichen.
2. Die Auberginen in Scheiben schneiden. (Damit die Scheiben nicht braun werden, mit Zitronensaft bestreichen und mit Salz einreiben, um den teilweise bitteren Geschmack loszuwerden.)
3. Die Kartoffeln schälen und kurz in kochendes Wasser geben, aber nicht gar kochen. Dann mit kaltem Wasser abschrecken und in dünne Scheiben schneiden.
4. Den Knoblauch und die Zwiebeln in Öl anbraten, bis letztere glasig sind. Dann das eingeweichte Soja-Granulat, Tomatenpassata und den Zimt in den Topf geben, umrühren, kurz aufkochen und von der Hitze nehmen. Die gehackte Petersilie hinzufügen.
5. Die Margarine in einem kleinen Topf zerlassen. Das Mehl mit einem Schneebesen unter Rühren dazugeben, bis eine cremige Konsistenz entsteht. Die Sojamilch und den Muskat hinzufügen und so lange rühren, bis die Sauce eindickt. (Hier können die Hefeflocken beigefügt werden.) Von der Hitze nehmen.
6. Zuerst die Mischung mit dem Soja-Granulat in eine Auflaufform geben. Es folgt eine Schicht Auberginenscheiben, dann Kartoffelscheiben. Zum Schluss die weiße Sauce darüber geben.
7. Im Ofen bei 175°C für 40 Minuten backen, bis die oberste Schicht goldbraun wird.

schwierigkeit: ★

zubereitung: 🕓

menge: ☺

Stir-Fry

- 50g Kichererbsen
- 50g Linsen
- 200g Tofu (optional)
- 1 Zwiebel
- 1 Knoblauchzehe
- Olivenöl
- 1 Hand voll Spinat
- 1 Tomate
- Sojasauce

Tipp:
Der Spinat lässt sich durch anderes Gemüse beliebig austauschen.
Die Kichererbsen und Linsen können auch durch die gleiche Menge Reis ersetzt werden.

1. Die Kichererbsen und Linsen über Nacht in der dreifachen Menge an Wasser einweichen.
2. Die Kichererbsen ca. 25 Minuten kochen, dann die Linsen hinzufügen und weitere 20 Minuten lang kochen.
3. Tofu und Zwiebel klein schneiden. Den Knoblauch pressen oder klein schneiden. In einer großen Pfanne das Olivenöl erhitzen und Tofu, Zwiebel und Knoblauch hineingeben.
4. Wenn die Zwiebelstücke glasig sind, die Linsen und Kichererbsen dazu geben.
5. Dann den Spinat und die Tomaten klein schneiden und in die Pfanne geben.
6. Noch etwa 5 Minuten köcheln lassen, dann Sojasauce hinzugeben und servieren.

Pad Thai

schwierigkeit: ★
zubereitung: 🕔
menge: ☺ ☺

Hauptgerichte

- 200g Tofu
- 2 Knoblauchzehen
- 200g Broccoli
- 100g Frühlingszwiebeln
- 200g Thai Reisnudeln
- 1 TL scharfes Paprikapulver
- 1 EL Apfelessig
- 2 EL Agavendicksaft (oder Zucker)
- 2 EL Sojasauce
- 2 EL Wasser
- 1 TL Zitronensaft
- Salz & Pfeffer

1. Den Tofu in kleine längliche Stücke schneiden und in einer Pfanne oder einem Wok mit Öl anbraten, bis er leicht goldbraun ist.
2. Den kleingeschnittenen Knoblauch hinzufügen und kurz anbraten.
3. Den Broccoli und die Frühlingszwiebeln klein schneiden und in die Pfanne geben.
4. In einem Topf die Reisnudeln mit kochendem Wasser übergießen und 5 Minuten ziehen lassen. Dann die Nudeln in die Pfanne geben.
5. In einer kleinen Schale Paprikapulver, Apfelessig, Agavendicksaft, Sojasauce, Wasser und Zitronensaft anrühren und dann über den Pfanneninhalt gießen. Kurz aufkochen, mit Salz und Pfeffer abschmecken. Bon appetit!

Tipp:
Gehackte Erdnüsse eigenen sich hervorragend zum Garnieren.

schwierigkeit: ★
zubereitung: 🕓 🕓
menge: ☺ ☺

Wraps

2 EL Tahin oder Sojanaise *(Seite 8)*
2Tomaten
50g Alfalfa-Sprossen
4-6 Blätter Eichblattsalat
4 TL Sweet-Chili-Sauce

Es werden außerdem benötigt:
2 Weizenmehltortillas *(Seite 86)*
100g Angebratener Tofu *(Seite 7)*
oder
100g Seitan (deluxe) *(Seite 9)*
(angebraten und gewürzt) oder
2 Grünkernburger *(Seite 41)*

1. Den Tortilla Fladen auf einen großen Teller legen. Mit 1 EL Tahin oder Sojanaise in der Mitte bestreichen.
2. Die Tomaten in kleine Stücke schneiden.
3. Mit der Hälfte der Zutaten belegen und die Sweet-Chili-Sauce darüber geben. Das untere Ende des Fladens nach oben schlagen und die linke und rechte Tortillahälfte in die Mitte klappen. Und gleich nochmal!

Tofu stroganov

schwierigkeit: ★
zubereitung: 🕓
menge: ☺ ☺

Hauptgerichte

250g Tofu
3 EL Sojasauce
1 TL Sambal Oelek
1 EL Olivenöl
1 große Zwiebel
200g Champignons
1 TL Basilikum
3 EL Tomatenmark
200ml Sojacreme

1. Den Tofu würfeln. Die Sojasauce, Sambal Oelek und Olivenöl in einer mittelgroßen Schüssel zu einer Marinade vermischen. Dazu den Tofu geben und für 30 Minuten ziehen lassen. Hin und wieder umrühren.

2. Die Zwiebel und Champignons klein schneiden und in einer Pfanne anbraten.

3. Dann den Tofu separat in heißem Öl ca. 5 Minuten anbraten. Die Zwiebeln und Pilze hinzufügen und Basilikum und Tomatenmark unterrühren. Kurz aufkochen, dann die Hitze reduzieren. Die Sojacreme hinzugeben und weitere 5 Minuten köcheln lassen.

Tipp:
Mit Kartoffeln, Reis oder Pasta servieren.

schwierigkeit: ★
zubereitung: 🕓
menge: ☺ ☺

Penne à la crème

- 1 große Zwiebel
- 2 Knoblauchzehen
- 4 EL Sonnenblumenöl
- 100g Champignons
- 1 kleine Aubergine
- 2 Tomaten
- 200g Penne oder Makkaroni
- 4 EL Sojacreme
- 4 EL Tomatenmark
- Salz und Pfeffer

1. Die Zwiebel klein schneiden und zusammen mit dem kleingeschnittenen oder gepressten Knoblauch für etwa 5 Minuten im Sonnenblumenöl anbraten.
2. Die Champignons in Scheiben schneiden und die Aubergine und die Tomaten würfeln. Beides in die Pfanne geben und ca. 10 Minuten anbraten. In der Zwischenzeit die Penne kochen und abgießen.
3. Sojacreme sowie Tomatenmark zu dem Gemüse mischen und alles mit Salz und Pfeffer abschmecken.
4. Die Sauce über die Penne geben. Guten Appetit!

Tipp:
Mit grünem Salat oder italienischem Brot servieren, z.B. mit Oliven Focaccia (Seite 84).

Pilz-Blätterteig-Törtchen

schwierigkeit: ★ ★ ★
zubereitung: 🕒 🕒 🕒
menge: 5 Portionen

- 1 Stange Lauch
- 4 EL Olivenöl
- 750g Champignons
- 1 TL Thymian
- 300ml Sojacreme
- 1-2 Platten Blätterteig
- Salz und Pfeffer

Es werden außerdem benötigt:
5 Portionsförmchen

1. Den Lauch klein schneiden und mit dem Olivenöl in einer großen Pfanne bei mittlerer Hitze anbraten. Kurz danach die kleingeschnittenen Pilze hinzufügen und etwa 5 Minuten anbraten, bis die Pilze weich und die Lauchstücke glasig sind.
2. Thymian und Sojacreme hinzufügen. Ca. 7 Minuten lang köcheln lassen und dabei umrühren.
3. Von der Hitze nehmen und mit Salz und Pfeffer abschmecken.
4. Die Füllung in die Förmchen geben. Dann aus den Blätterteigplatten 5 kreisrunde Stücke schneiden, die ein wenig größer sind als die Förmchen. Die Kreise über die Förmchen legen und an deren Rand drücken.
5. Im vorgeheizten Backofen etwa 20-25 Minuten bei 180°C backen, bis der Blätterteig goldbraun ist.

schwierigkeit: ★
zubereitung: 🕓
menge: ☺ ☺ ☺

pikantes Pilaw

- 2 Zwiebeln
- 1 EL Margarine
- 200g Reis
- 1 EL Pinienkerne
- 1 EL Rosinen
- 1 EL Tomatenmark
- ½ TL Zimt
- ½ TL Muskat
- ½l Gemüsebrühe
- 100g Räuchertofu

1. Die Zwiebeln in Ringe schneiden. Die Margarine in einem kleinen Topf zerlassen und die Zwiebelringe bei mittlerer Hitze darin anbraten, bis sie glasig aussehen. Gelegentlich umrühren, damit sie nicht anbrennen.
2. Den Reis und die Pinienkerne hinzufügen und unter Rühren ca. 5 Minuten anbraten.
3. Das Tomatenmark, die Gewürze und Rosinen dazugeben, mit Gemüsebrühe aufgießen und etwa 20 Minuten bei schwacher Hitze köcheln lassen. Dabei sollte der Reis nahezu die gesamte Flüssigkeit aufnehmen. Zwischendurch umrühren.
4. Zum Schluss den Räuchertofu würfeln und mit dem Reis mischen.

Tipp:
Dieses Gericht sollte warm und nicht zu trocken serviert werden.

Hirse-Ratatouille

schwierigkeit: ★
zubereitung: 🕓 🕓
menge: ☺ ☺

Hauptgerichte

- 1 Zwiebel
- 2 EL Olivenöl
- 1 Aubergine
- 1 rote Paprika
- 1 Zucchini
- 1-2 Knoblauchzehen
- 125g Hirse
- 250ml Gemüsebrühe
- 2 Tomaten
- 100ml Gemüsebrühe
- 2 TL Kräuter der Provence
- Salz & Pfeffer

1. Die Zwiebel klein schneiden und in einer Pfanne im Olivenöl anbraten, bis sie glasig aussieht.
2. Dann die Aubergine, die Paprika und die Zucchini würfeln und zusammen mit dem kleingehackten Knoblauch in die Pfanne geben.
3. Das Gemüse 10 Minuten lang anbraten lassen und gelegentlich umrühren.
4. In der Zwischenzeit die Hirse in Gemüsebrühe kochen und wenn sie fertig ist, etwas salzen.
5. Die Tomaten zunächst mit kochendem Wasser überbrühen und häuten. Anschließend klein schneiden und in die Pfanne geben.
6. Die Ratatouille mit 100ml Gemüsebrühe ablöschen und mit Kräuter der Provence, Salz und Pfeffer würzen.
7. Nun zusammen mit der Hirse auf einem Teller anrichten und sich schmecken lassen.

schwierigkeit: ★
zubereitung: 🕓 🕓
menge: ☺ ☺ ☺ ☺

Kürbis-Suppe

- 1 Zwiebel
- 750g Hokkaido Kürbis
- 750g Kartoffeln
- 250g Süßkartoffeln oder Möhren
- 200ml Gemüsebrühe
- 2 Knoblauchzehen
- 1 TL frischer Ingwer
- ½ TL Curry
- ½ TL Kurkuma
- Salz und Pfeffer
- ½ TL Garam Masala
- etwas frischer Koriander

Sauce:

- 2 EL Tahin
- 5 EL Sojamilch

Deko:

- 2-3 EL Sonnenblumenkerne

1. Die Zwiebel klein schneiden und in einem großen Topf in etwas Öl anbraten.
2. Kürbis, Kartoffeln und Süßkartoffeln säubern (bei Bedarf schälen), würfeln und in den Topf geben. Die Gemüsebrühe dazugießen und umrühren.
3. Im Topf bei geringer Hitze etwa 10 Minuten köcheln lassen. Dann den Knoblauch, den Ingwer und die Gewürze dazugeben und weitere 10 Minuten köcheln lassen.
4. Wenn alle Zutaten sich leicht mit einem Löffel zerteilen lassen, den Topf von der Herdplatte nehmen und die Suppe pürieren.
5. Je nach gewünschter Konsistenz mit Wasser oder Sojamilch auffüllen und umrühren. Danach probieren und eventuell nachwürzen.
6. Das Tahin mit der Sojamilch verrühren und vor dem Servieren über die Suppe gießen.
7. Die Sonnenblumenkerne anrösten und über die Kürbis-Suppe streuen.

Tipp:
Die Suppe schmeckt auch sehr gut, wenn eine Pertisilienwurzel und eine Pastinake zerkleinert mitgekocht werden.

Wirsing-Kokos-Pfanne

schwierigkeit: ★
zubereitung: 🕓 🕓
menge: ☺ ☺

Hauptgerichte

- 200g Wirsing
- 150g Tofu
- etwas Öl
- 1 großer Apfel
- 1 mittlere, rote Paprika
- 200ml Kokosmilch
- 3 EL Sojasauce
- 2 TL süßes Paprikapulver
- 1TL Currypulver
- Salz und Pfeffer
- 40g Sonnenblumenkerne

1. Den Wirsing waschen und klein schneiden. In einem Topf bedeckt mit etwas Wasser garen, bis er weich ist.
2. In der Zwischenzeit den Tofu würfeln und in einer großen Pfanne mit Öl anbraten. Wenn er goldgelb ist, den Apfel und die Paprika in kleine Stücke schneiden und hinzufügen.
3. Den Wirsing abgießen und in die Pfanne geben. Dann die Kokosmilch, die Sojasauce und die Gewürze in einer Schale vermischen und über den Pfanneninhalt gießen.
4. Die Sonnenblumenkerne in einer kleinen Pfanne rösten und untermischen.
5. Noch einmal alles aufkochen lassen und servieren. Guten Appetit!

Tipp:
Schmeckt vorzüglich mit weißem Reis oder Bandnudeln.

schwierigkeit: ★
zubereitung: 🕓
menge: ☺ ☺ ☺ ☺

Scharfes Gazpacho

Gazpacho ist eine spanische kalte Suppe aus ungekochtem Gemüse. Sie stammt aus Andalusien. Die ursprüngliche Suppe geht auf die Mauren zurück und war eine weiße Knoblauchsuppe aus Brot, Knoblauch, Olivenöl, Essig, Salz und Wasser. Die Zutaten wurden in einem Mörser zerkleinert.

- 800g sehr reife Eiertomaten
- 1 kleine Gurke
- 1 Knoblauchzehe
- 1 rote Chilischote (oder weniger)
- 4 EL Olivenöl
- 1 EL Essig
- Salz und Pfeffer

1. Die Tomaten und die Gurke etwas zerkleinern und mit den anderen Zutaten in einen Mixer geben und mixen oder mit dem Pürierstab pürieren, so dass eine sämige Mischung entsteht.
2. Mit Salz und Pfeffer abschmecken und sofort servieren.

Kleine Gerichte

schwierigkeit: ★ ★
zubereitung: 🕓 🕓
menge: 6 Portionen

Seitan-„Würstchen“

- 100g Kidneybohnen (gekocht)
- 1 TL Gemüsebrühepulver
- 1 EL Olivenöl
- 2 EL Sojasauce
- 2 Knoblauchzehen
- 2 EL Hefeflocken
- 1 Msp Chilipulver
- 1 TL süßes Paprikapulver
- 1 TL Oregano
- 150ml Wasser
- 2 EL Tomatenpassata
- 1 Prise schwarzer Pfeffer
- 200g Glutenmehl (Seitan-Pulver)

1. In einer Schale die Kidneybohnen zerdrücken.
2. Dann alle anderen Zutaten - bis auf das Glutenmehl - hinzufügen und gut vermischen. Anschließend das Glutenmehl dazugeben und gut verrühren, wenn nötig etwas mit den Händen kneten.
3. Die Mischung halbieren und jede Hälfte in drei gleich große Stücke teilen. Diese in eine längliche Form bringen und in ein Stück Alufolie wie ein Bonbon einwickeln.
4. Im Backofen bei 175°C ca. 20-25 Minuten backen.
5. Aus dem Ofen nehmen, auswickeln, abkühlen lassen und dann in einer Pfanne mit etwas Öl anbraten.

Gemüse-Pfannkuchen

schwierigkeit: ★
zubereitung: 🕐
menge: 2 Portionen

- 1 halbe Stange Lauch
- 4 Champignons
- 2 mittelgroße Tomaten
- 1 Hand voll Petersilie
- 200g Mehl
- 2 TL Backpulver
- 1 TL Gemüsebrühepulver
- 1 TL süßes Paprikapulver
- 1 TL Oregano
- Salz und Pfeffer
- 140ml Wasser
- Öl

1. Zuerst Lauch, Champignons und Tomaten sehr klein schneiden und die Petersilie klein hacken.

2. In einer Schale das Mehl mit dem Backpulver verrühren und die Gewürze dazugeben. Nun das kleingeschnittene Gemüse und Wasser hinzufügen und alles gut umrühren. Die Konsistenz der Masse sollte nun relativ klebrig sein.

3. Etwas Öl in einer mittelgroßen Pfanne erhitzen. Die Hälfte des Teigs aus der Schale in die Pfanne geben und mit einem Pfannenwender gleichmäßig verteilen. Auf jeder Seite 5 Minuten anbraten, aus der Pfanne nehmen und servieren. Beim zweiten Pfannkuchen genauso vorgehen. Guten Appetit!

schwierigkeit: ★ ★
zubereitung: 🕓 🕓
menge: ☺ ☺

Tofu-Nuggets

- 200g Tofu
- 1 EL Sojasauce
- 1 EL Weizenmehl
- 1 EL Hefeflocken
- 1 TL süßes Paprikapulver
- 1 TL indisches Currypulver
- Salz und Pfeffer
- ca. 50ml Wasser
- Semmelbrösel
- Öl

1. Tofu in ca. 1 bis 1,5cm große Würfel schneiden und mit der Sojasauce marinieren, hin und wieder wenden.
2. In einer Schale Weizenmehl, Hefeflocken, Paprika- und Currypulver sowie etwas Salz und Pfeffer mischen und das Wasser dazugeben. Eine cremige Konsistenz sollte so entstehen.
3. Die Semmelbrösel auf einen mittelgroßen Teller schütten. Dann die Tofuwürfel erst in die Mehl-Gewürzmischung tauchen und anschließend in den Bröseln wälzen.
4. Die Würfel in einer Pfanne mit Öl anbraten, bis sie goldgelb sind. Fertig!

Grünkern-Burger

schwierigkeit: ★ ★
zubereitung: 🕒 🕒
menge: **4-6 Burger**

- 100g Grünkern, geschrotet
- 25g Sonnenblumenkerne
- 50g Haferflocken, Kleinblatt
- 1 Knoblauchzehe
- 2 TL Gemüsebrühepulver
- 1 Zwiebel
- 1 TL Salz
- 1 TL Currypulver
- 1 TL Basilikum
- 1 EL Tomatenmark
- 6 EL Sonnenblumenöl

Es werden außerdem benötigt:

- 4-6 Brötchen *(Seite 83)*
- Salatblätter
- 1-2 Tomaten
- Sojanaise *(Seite 8)*
- Ketchup

1. Den Grünkern zusammen mit den Sonnenblumenkernen, den Haferflocken, der kleingeschnittenen Knoblauchzehe und dem Gemüsebrühepulver in einen Topf geben.

2. Mit soviel Wasser auffüllen, dass die Mischung gerade bedeckt ist. Dann das ganze kurz aufkochen, von der Hitze nehmen und 10 Minuten quellen lassen.

3. Danach die Zwiebel klein schneiden und zusammen mit den Gewürzen und dem Tomatenmark zu der Mischung geben. Diese sollte jetzt eine sehr klebrige Konsistenz haben. Wenn zu viel Wasser vorhanden ist, entweder nochmal kurz aufkochen oder etwas Mehl hinzufügen.

4. In einer Pfanne das Öl erhitzen. Dann etwa Esslöffel große Portionen in die Pfanne geben und mit einem Pfannenwender zu flachen Burgern drücken. Etwa 5-10 Minuten auf jeder Seite goldbraun braten.

5. Nun die Brötchen aufschneiden, belegen und reinbeißen!

schwierigkeit: ★
zubereitung: 🕓
menge: ☺ ☺

Rühr-Tofu

- 200g Tofu
- 1 kleine rote Paprika
- 3-4 kleine Frühlingszwiebeln
- 3-4 EL Öl oder Margarine
- Pfeffer
- Kurkuma
- 1 EL Sojasauce
- süßes Paprikapulver

1. Den Tofu mit einer Gabel oder den Händen zerdrücken.
2. Die Paprika und Frühlingszwiebeln klein schneiden.
3. Das Öl in einer Pfanne erhitzen und den Tofu und das Gemüse in die Pfanne geben. Alles etwa 5-10 Minuten lang anbraten.
4. Mit Pfeffer, Kurkuma, Sojasauce und süßem Paprikapulver würzen, gut umrühren. Fertig!

Marinierter Tofu

schwierigkeit: ★
zubereitung: 🕓 🕓
menge: ☺ ☺

- 200g Tofu
- 1-2 Knoblauchzehen
- 2 EL Balsamico Essig
- 1 TL Gemüsebrühepulver
- 1 TL süßes Paprikapulver
- 1 TL Kräuter der Provence
- 1 TL Sojasauce
- 2 EL Olivenöl

1. Zuerst den Tofu würfeln (am besten in relativ kleine Würfel). Dann die Knoblauchzehen so klein wie möglich schneiden und mit dem Tofu vermischen.
2. Alle anderen Zutaten (bis auf das Olivenöl) dazugeben und ca. 1 Stunde ziehen lassen.
3. Das Olivenöl darüber gießen und servieren.

Tipp:
Schmeckt am besten zu Salat und Brot.

Damit die Chemie stimmt!

Kochen ist eine Wissenschaft für sich, denn biologische und chemische Reaktionen bestimmen, ob das Rezept gelingt und das Essen schmeckt. Zum besseren Verständnis, warum bestimmte Vorgänge und Voraussetzungen wichtig sind für ein gelungenes Endergebnis, gibt's hier einen kleinen Exkurs in die Welt der Biologie und Chemie:

Hefe

Hefe besteht aus zahlreichen Mikroorganismen, den Hefepilzen. Sie ernähren sich von Zucker und vermehren sich, indem sie sich teilen (genauer: durch Knospung). Bei ihrem Stoffwechsel setzen die Hefepilze unter anderem Kohlenstoffdioxid frei, das den Teig aufgehen lässt. Ein durch das Kneten des Teiges enstandenes Glutennetz verhindert nämlich, dass das produzierte Kohlenstoffdioxid entweichen kann.
Weizenmehl ist zur Bildung dieses Netzes am besten geeignet, da es besonders reich an Glutenproteinen ist. Es eignet sich hervorragend für „luftige" Brotsorten wie Brötchen oder Baguette.
Hefe-Enzyme wandeln die Stärkemoleküle des Mehls in Zucker um, von dem sich widerrum, wie oben beschrieben, die Hefepilze ernähren. Durch ein erneutes Kneten werden die Hefepilze neu verteilt und treffen so auf neue Stärkemoleküle. Der Prozess setzt sich fort.
Das Ganze geschieht am besten zwischen 25-35°C. Steht dein Hefeteig an einem zu kühlen Ort, verlangsamt sich der Stoffwechselprozess der Hefepilze. Werden die Hefepilze zu stark erhitzt, sterben sie ab und dein Teig geht nicht auf.

Maillard-Reaktion

Beim Braten oder Brotbacken fällt auf, dass der Geschmack zum Großteil in der Kruste steckt. Das liegt in erster Linie an der sogenannten Maillard-Reaktion, die bewirkt, dass die Speisen braun und aromatisch werden. Die Maillard-Reaktion (benannt nach dem Chemiker Louis Camille Maillard) ist eine so genannte nicht-enzymatische Bräunungsreaktion. Dabei werden Aminosäuren und reduzierende Zucker unter Hitzeeinwirkung zu neuen Verbindungen umgewandelt.
Dies geschieht in erster Linie beim Rösten, Braten und Backen von eiweißreichen Lebensmitteln. Bei zu geringen Temperaturen, wie beim Kochen, kommt es nicht zu einer Maillard-Reaktion. Aus diesem Grund brät man Speisen zunächst scharf an, damit die Reaktion ablaufen kann, senkt aber dann die Temperatur, so dass sich die Aromastoffe nicht verflüchtigen - und nichts anbrennt.
Aber Vorsicht! Nebeneffekt einer unerwünschten Maillard-Reaktion ist die bei großer Hitze stattfindende Bildung des Karzinogens Acrylamid. Dies entsteht in besonders hoher Konzentration, wenn kartoffel- und getreidehaltige Lebensmittel trocken über 180°C erhitzt werden.

Backpulver

Backpulver ist eine Mischung aus verschiedenen chemischen Verbindungen: Natriumhydrogencarbonat (Natron), einem Säuerungsmittel und etwas Stärke. Die Stärke sorgt dafür, dass die Mischung in der Verpackung trocken bleibt, weshalb keine vorzeitige Reaktion erfolgen kann.
In Wasser aufgelöst, wird das Säuerungsmittel, wie etwa ein Natrium- bzw. Calciumsalz oder Weinstein, dann zur Säure und reagiert bei Hitze mit dem Natron. Bei dieser Reaktion wird Kohlenstoffdioxid freigesetzt. Ähnlich wie bei der Hefe, geht nun der Teig auf.
Die beiden Teigsorten unterscheiden sich allerdings erheblich in Konsistenz und Geschmack.
Da das Natron schon bei der Zubereitung des Teiges mit der vorhandenen Flüssigkeit reagiert (Vortrieb), sollte ein Teig, der Backpulver enthält, möglichst schnell in den Ofen geschoben werden. So wird sichergestellt, dass noch genügend Kohlenstoffdioxid während des Backvorgangs freigesetzt werden kann.
Wird zu viel Backpulver verwendet, geht der Teig beim Backen zu stark auf und fällt wieder zusammen.

Sojanaise

Beim Herstellen von Sojanaise ist es wichtig, das Öl langsam in die Sojamilch zu gießen, damit eine Emulsion enstehen kann. Bei einer Emulsion verbinden sich zwei Stoffe (hier Öl und Wasser aus der Sojamilch) miteinander, die sonst nicht mischbar wären. Die Hilfsstoffe, die solch eine Mischung möglich machen, heißen Emulgatoren. Um Sojanaise herstellen zu können, muss das Öl in mikroskopisch kleine Tröpfchen zerteilt werden, die dann von den Emulgatormolekülen umhüllt werden. Das geht einfacher, wenn es nach und nach der Sojamilch beigemischt wird. Der Emulgator ist dabei das Lecithin aus der Sojamilch. Wenn das Verhältnis zwischen Öl und Wasser ausgeglichen ist, beginnt die Emulsion dick zu werden, da sich die Öl-Tröpfchen gegenseitig am Aufsteigen hindern.

Kuchen & Süßes

Trüffel

schwierigkeit: ★ ★
zubereitung: 🕓 🕓
menge: 6-8 Trüffel

Basisrezept:

100g Schokolade
(mind. 55% Kakaogehalt)
90ml Kokosmilch

Variantionen:

Mandel-Kokos:
2 EL gehackte Mandeln
Kokosraspeln

Schoko-Kakao:
1 EL Erdnussbutter
Kakaopulver (mit Zucker)

Kaffee:
2 TL Instant-Kaffeepulver oder
Instant-Getreidekaffeepulver
Kakaopulver

1. Zuerst die Schokolade im Wasserbad schmelzen. Dann die Kokosmilch und Mandeln oder Erdnussbutter bzw. Getreidekaffeepulver hinzufügen und verrühren.
Im Kühlschrank ca. 30 Minuten kalt stellen.
2. Wenn die Mischung fast wieder fest geworden ist, mit einem kleinen Löffel eine Portion herausnehmen und zwischen den Händen rollen, so dass eine Kugel entsteht.
3. Auf einem kleinen Teller etwas Kokosraspeln oder Kakaopulver geben und die Trüffel darin rollen.
4. Eine Stunde in den Kühlschrank legen und dann servieren!

Tipp:
Es lassen sich natürlich noch andere großartige Kreationen zaubern: mit Zimt, Ingwer, Karamel, Zitrone, etc... einfach mal ausprobieren!

schwierigkeit: ★
zubereitung: 🕓 🕓

Schokokuchen

1. Mehl und Backpulver in einer großen Schale mischen. Zucker hinzufügen sowie Kakao ohne Klümpchen, Öl, Wasser und Vanillezucker. Alles gut verrühren.
2. In eine 23cm große, eingefettete Springform gießen und bei 180 °C ca. 40 Minuten backen.
3. Nachdem der Kuchen abgekühlt ist, im Wasserbad die Schokoladentafel zusammen mit der Margarine schmelzen, kurz abkühlen lassen und dann gleichmäßig über den Kuchen verteilen.

200g Vollkornmehl
200g Weizenmehl
4 TL Backpulver
40g Kakao
250 Zucker
250ml Pflanzenöl
350ml Wasser
1 TL Vanillezucker
100g Zartbitterschokolade
50g Margarine

Marmorkuchen:
Den Teig ohne Kakaopulver anrühren (Schritt 1). Dann den Teig teilen und eine Hälfte in eine Gugelhupfform geben. 20g Kakaopulver in den anderen Teil mischen und diesen ebenfalls in die Form legen. Mit einer Gabel beide Hälften leicht vermengen, damit ein hübsches Marmormuster entsteht.

Pfannkuchen

schwierigkeit: ★
zubereitung: 🕓
menge: 2 Portionen

150g Mehl
1 EL Zucker
2 TL Backpulver
1 Prise Salz
200ml Wasser oder Sojamilch
2 EL Öl

1. Zuerst alle trockenen Zutaten in eine Rührschüssel geben und gut vermengen.
2. Dann die flüssigen Zutaten hinzufügen und gut umrühren, bis eine cremige Mischung entsteht.
3. In einer mittelgroßen Pfanne Öl erhitzen (nicht zu heiß!), und dann die Hälfte der Mischung hineingießen.
4. Wenn in der Mitte des Pfannkuchens Bläschen entstehen und der Rand nicht mehr flüssig ist, den Pfannkuchen mit einem Pfannenwender vorsichtig wenden. Wer es sich zutraut, kann auch auf den Pfannenwender verzichten: Pfannkuchen hochwerfen und möglichst wieder auffangen...

Tipp:
Am besten mit Ahornsirup oder Agavendicksaft genießen!

Variationen:

Poppy Seed and Lemon:
Geriebene Schale einer unbehandelten Zitrone und einen Esslöffel Mohnsamen zu der Mischung geben.

Zimt und Apfel:
Eine große Prise Zimt zu der Mischung geben und einen Apfel in kleine Scheiben schneiden. Nachdem der Teig in die Pfanne gegossen wurde, die Scheiben hineindrücken.

Heidelbeere:
Ca. 80g Heidelbeeren zu der Mischung geben.

Schoko:
1 EL Kakao und 1 EL Zucker dem Teig hinzufügen

Erdnuss-Schoko:
2 EL Erdnussbutter dazugeben und die fertigen Pfannkuchen mit Schokostreuseln bestreuen.

schwierigkeit: ★ ★ ★
zubereitung: ◷ ◷ ◷
menge: 12 Cupcakes

Schoko-Erdnuss-Cupcakes

Teig:
- 300g Mehl
- 3 TL Backpulver
- 20g Kakao
- 180g Zucker
- ½ TL Salz
- 150ml Rapsöl
- 250ml Wasser
- 1 TL Apfelessig

Erdnusscreme:
- 50g Margarine
- 50g Palmfett
- 80g Erdnussbutter (ohne Stückchen)
- 100g Puderzucker
- ein wenig Vanillearoma
- eine Prise Zimt

1. Alle trockenen Zutaten vermischen und darauf achten, dass sich keine Klumpen bilden (notfalls sieben). Dann die flüssigen Zutaten hinzugeben und gründlich vermengen, bis ein relativ flüssiger Teig entsteht. Diesen nun in eine 12er Muffinform füllen und 25 Minuten bei 180°C und Umluft backen.

2. Die Margarine und das Palmfett in einer hitzefesten Schüssel kurz in den Ofen zu den Cupcakes stellen. Wenn beides aufgelöst ist, die Erdnussbutter hineinrühren. Dann den Puderzucker mit einem Schneebesen unterrühren. Etwas abkühlen lassen. Die Konsistenz sollte so sein, dass die Creme nicht vom Löffel tropft, wenn dieser hochgehalten und umgedreht wird.

3. Dann die Creme mit einem Spritzbeutel oder Löffel auf die abgekühlten Cupcakes geben und ca. 2 Stunden fest werden lassen. Fertig!

Nussecken

schwierigkeit: ★ ★
zubereitung: ◷ ◷ ◷
menge: 15 Portionen

Teig:

- 70g Margarine
- 70g Zucker
- 1 Pck Vanillezucker
- 150g Mehl
- ½ Pck Backpulver
- 1 EL Sojamehl
- 2 EL Wasser

Belag:

- 100g Zucker
- 100g Margarine
- 1 Pck Vanillezucker
- 2 EL Wasser
- 200g Haselnüsse (halb gemahlen, halb gehackt)
- 100g Zartbitterschokolade
- Marmelade

1. **Teig:** Die Margarine in einem Topf zerlassen. Alle trockenen Zutaten in einer Schüssel verrühren und dann die flüssigen hinzugeben. Den Teig kneten, dann auf einem gefetteten oder mit Backpapier ausgelegten Backblech ausrollen und Marmelade (z.B. Aprikosenmarmelade) dünn auf dem Teig verteilen.
2. **Belag:** Alles, außer die Nüsse und die Schokolade, in einem Topf schmelzen und kurz aufkochen. Die Nüsse unterrühren und auf dem ausgerollten Teig verteilen.
3. Im vorgeheizten Backofen bei 175°C ca. 20-30 Minuten backen. Dann herausnehmen und abkühlen lassen.
4. In Ecken schneiden und diese mit im Wasserbad geschmolzener Schokolade bestreichen.

schwierigkeit: ★ ★
zubereitung: 🕓 🕓 🕓
menge: 10-12 Stück

Müsliriegel

300g Haferflocken
125g Kürbiskerne
125g Sesam
125g Kokosraspeln
125g Sonnenblumenkerne
175g Margarine
125g Ahornsirup oder Agavendicksaft

1. Alle trockenen Zutaten in einer Schüssel vermischen.
2. Die Margarine in einem Topf zerlassen. Dann den Sirup dazurühren und kurz aufkochen.
3. Diese flüssige Mischung warm zu der Trockenen geben und beides gut vermengen. Dann auf ein eingefettetes oder mit Backpapier ausgelegtes Backblech auftragen.
4. Im Backofen 15-20 Minuten bei 200°C backen.
5. Aus dem Ofen nehmen und abkühlen lassen. Danach mit einem scharfen Sägemesser in Riegel schneiden.

Tiramisu

schwierigkeit: ★ ★
zubereitung: 🕒 🕒
menge: ☺ ☺ ☺ ☺

1 Pck Vanillepudding
2 EL Zucker
300ml Sojasahne
200g Zwieback
250ml Sojamilch
100ml starker Kaffee
1-2 EL Kakaopulver

1. Den Pudding mit 250ml Sojamilch und Zucker kochen und abkühlen lassen.

2. Die Sojasahne für 1 Stunde in den Kühlschrank stellen und dann mit einem Rührgerät in einer Schüssel aufschlagen. Den Pudding dazumischen und nochmals verrühren.

3. Den Zwieback von beiden Seiten kurz in den Kaffee tauchen. Dann in eine kleine Lasagneform oder ein anderes eckiges Gefäß eine Schicht aus Zwieback legen. Die Pudding-Sahne-Mischung darüber streichen, und dann eine weitere, ebenfalls in Kaffee getränkte Schicht Zwieback darüber geben. Nun alles mit dem Rest der Mischung bedecken.

4. Für 1-2 Stunden in den Kühlschrank stellen. Dann herausnehmen, das Kakaopulver in ein Sieb geben und auf das Tiramisu streuen. In Stücke schneiden und servieren.

schwierigkeit: ★ ★
zubereitung: ◷
menge: ☺ ☺ ☺ ☺

Mousse au chocolat

350g Seidentofu
80g Zartbitterschokolade
4 EL Kakaopulver
70g Puderzucker
1 TL Vanillearoma
jegliche Art von veganen Keksen (optional)

1. Den Tofu aus der Packung nehmen und etwas ausdrücken. Dann in ein hohes Gefäß geben und mit einem Pürierstab cremig mixen.
2. Die Zartbitterschokolade in kleine Stückchen hacken und in einer Schale im Wasserbad schmelzen.
3. Das Kakaopulver und den Puderzucker hinzufügen und verrühren.
4. Die Mischung und das Vanillearoma zu dem Tofu gießen und nochmals pürieren.
5. In Schalen füllen und Kekse dazu reichen.

Energie-Kugeln

schwierigkeit: ★
zubereitung: 🕐
menge: 8-10 Kugeln

50g Haferflocken, Kleinblatt
2 EL Erdnussbutter
2 TL Kakaopulver
2 TL Rohrohrzucker
4 EL Sojamilch
2 EL Rosinen oder Datteln
3 EL Kokosraspeln

1. Haferflocken, Erdnussbutter, Kakaopulver, Zucker und Sojamilch in eine Schüssel geben.
2. Die Rosinen oder Datteln pürieren oder klein hacken und dazugeben.
3. Alles gut umrühren, dann etwa Teelöffel große Portionen mit den Händen zu Kugeln formen.
4. Die Kokosraspeln auf einen kleinen Teller geben und die Kugeln darin rollen. Dann zwischen den Händen die Raspeln andrücken, fertig!

schwierigkeit: ★ ★ ★
zubereitung: 🕓 🕓 🕓

Schwarzwälder Kirschtorte

Kuchen & Süßes

350g Kirschen (aus dem Glas) und deren Saft (ca. 300ml)
300ml Sojasahne
1 Pck Sahnesteif
2 Pck Agar Agar oder Tortenguss
Schokostreusel oder Splitter

Es werden außerdem benötigt:

Schokokuchen *(Seite 48)*

1. Den Schokokuchen zunächst zubereiten wie im Rezept, aber natürlich ohne den Schokobelag. Wenn der Kuchen vollständig abgekühlt ist, ihn mit einem Messer in zwei Hälften schneiden und die obere Hälfte mit einem Kuchenheber abnehmen.
2. Die Sojasahne mit Sahnesteif aufschlagen und für ca. 1 Stunde in den Kühlschrank stellen.
3. Die Kirschen in einem Sieb abgießen und den Saft in einer Schale auffangen. 300g der Kirschen nun auf der unteren Hälfte des Tortbenbodens verteilen.
4. Den Kirschsaft mit dem Agar Agar bzw. Tortenguss in einem Topf aufkochen. Dann den Ring der Springform wieder um den Kuchenboden legen und schließen. Den angedickten Saft etwas abkühlen lassen und über die restlichen Kirschen gießen.
5. Die obere Hälfte des Tortbenbodens wieder auf die untere legen. Dann mit der Sahne bestreichen. Mit den Schokosplittern und Kirschen dekorieren und evtl. wieder in den Kühlschrank stellen.

Bananenkuchen

schwierigkeit: ★ ★
zubereitung: 🕔 🕔

Teig:

- 2 große, reife Bananen
- 2 1/2 EL Zucker
- 100g Mehl
- 1 TL Backpulver
- 50g Margarine
- 1 TL Vanillezucker
- 3 EL Wasser
- 1 1/2 EL Essig

Topping:

- 60g Margarine
- 100g Puderzucker
- 1 EL Sojamilch
- 1 TL Vanillearoma

1. Die Bananen in einer Schale zerdrücken und Zucker, Mehl, Backpulver und Margarine hinzufügen und darunter mischen.

2. Vanillezucker, Essig und Wasser hinzufügen. Wenn die Mischung Blasen schlägt, diese nicht wieder herausschlagen. Den Teig rasch in eine gefettete Springform geben.

3. Im Ofen bei 150°C 45 Minuten lang backen. Dieser Kuchen wird sehr dunkel und geht kaum auf.

4. Die weiche Margarine mit dem Puderzucker, der Sojamilch und dem Vanillearoma aufschlagen und dann als Topping auf den erkalteten Kuchen auftragen.

schwierigkeit: ★
zubereitung: 🕓 🕓

Apfelkuchen

Teig:

300g Mehl
100g Rohrohrzucker
150g Margarine
1 TL Backpulver
3 EL Wasser oder Sojamilch

Füllung:

4-5 mittelgroße Äpfel
1 TL Zimt

Streusel:

150g Mehl
120g Margarine
100g Rohrohrzucker
eine Prise Salz

1. Mehl, Zucker und Backpulver in einer Schüssel gut vermengen.

2. Die Margarine in einem Topf schmelzen, in die Schüssel geben und mit dem Mehl-Zucker-Gemisch verrühren. Das Wasser oder die Sojamilch dazumischen.

3. Eine Springform einfetten und den Teig hineingeben. Von der Mitte nach außen festdrücken und an den Seiten einen hohen Rand formen.

4. Die Äpfel in Scheiben schneiden und auf den Teig legen, Zimt darüber streuen.

5. Die Streusel ebenso wie den Teig zubereiten und über die Äpfel bröseln.

6. Bei 175°C etwa 40-45 Minuten backen.

Kokoskuchen

schwierigkeit: ★
zubereitung: 🕓 🕓

300g Mehl
1 ½ TL Backpulver
150g Zucker
6 EL Kokosraspeln
1 TL Vanillezucker
300ml Kokosmilch

1. Zuerst die trockenen Zutaten in einer großen Schale vermischen, dann die Kokosmilch hinzugeben und gut verrühren.
2. Den Teig in eine gefettete Kastenform füllen und bei 175°C etwa 45 Minuten backen.
3. Einige Minuten abkühlen lassen und vorsichtig aus der Form nehmen.

schwierigkeit: ★
zubereitung: 🕓 🕓
menge: 12 Muffins

Apfel-Zimt-Muffins

- 250g Zucker
- 1 Pck Vanillezucker
- Prise Salz
- 400g Mehl
- 1 Pck Backpulver
- 250ml Sojamilch
- 250ml Öl
- 3 mittelgroße Äpfel
- Zimt

1. Zuerst die trockenen Zutaten in einer großen Schale miteinander vermengen. Dann die Sojamilch und das Öl hinzugeben und verrühren.
2. Den Teig in eine Muffinform für 12 Muffins füllen.
3. Die Äpfel schälen und in kleine Stücke schneiden. Diese mit Zimt bestreuen und dann leicht in die Mitte der Muffins drücken.
4. Im Ofen bei 200°C ca. 20 Minuten backen. Danach kurz abkühlen lassen und aus der Form nehmen.

Bienenstich

schwierigkeit: ★
zubereitung: 🕓 🕓

Bienenstich ist ein traditioneller Blechkuchen aus Hefeteig mit einem Belag aus einer Zucker-Mandel-Masse, die beim Backen karamellisiert. Häufig wird er auch mit einer Vanille- oder Sahnecreme gefüllt.

Teig:

- 500g Weizenmehl
- 100g Zucker
- 1 Prise Salz
- 1 Würfel Frischhefe
- 3 EL Öl
- ¼ Liter Sojamilch

Belag:

- 100g Margarine
- 50g Zucker
- 300g gehobelte Mandeln

1. **Teig:** Die trockenen Zutaten in einer Schüssel mischen. In die Mitte eine Mulde drücken, die Hefe hineinkrümeln. Die Sojamilch zusammen mit dem Öl leicht erwärmen und langsam auf die Hefe gießen. Wenn sich die Hefe aufgelöst hat, das Mehl unterrühren.
2. Den entstandenen Teig gut durchkneten. Eine halbe Stunde stehen lassen, dann auf einer mit Mehl bestäubten Arbeitsplatte ausrollen. Danach den Teig auf ein gefettetes Backblech legen und in Form bringen.
3. **Belag:** Die Margarine in einem Topf zerlassen. Den Zucker und die Mandelblättchen hinzufügen und verrühren.
4. In den Teig mit den Fingern kleine Vertiefungen drücken, damit der Belag nicht herunterläuft. Dann die Mandelmischung darauf verteilen.
5. Das Backblech in den Ofen schieben und im vorgewärmten Ofen 10 Minuten gehen lassen. Dann 20 Minuten bei 200°C backen.

schwierigkeit: ★ ★ ★
zubereitung: 🕓 🕓 🕓

Tofu-Cheesecake

Kuchen & Süßes

Sojajoghurt-Tofu-Füllung:

- 400g Sojajoghurt
- 400g Seidentofu
- 175g Margarine
- 2 Pck Vanillezucker
- 5-6 EL Zucker
- 3 EL Sojamehl vermischt mit 6 EL Wasser
- 2 EL Vanillepuddingpulver
- 2 EL Grieß
- Schale und Saft von einer mittelgroßen Zitrone

Teig:

- 250g Mehl
- 150g Zucker
- 100g Margarine
- 1 Prise Salz
- 1 TL Backpulver
- 3 EL Wasser

1. **Teig:** Alle Zutaten miteinander vermischen und zu einem bröseligen Teig kneten.
2. Diesen in eine gefettete Springform geben und an Boden und Seiten drücken. Dabei einen hohen Teigrand ausformen.
3. **Füllung:** Alle Zutaten mit einem Pürierstab vermischen und auf den Teig in der Springform gießen.
4. Ofen auf 200 °C vorheizen. Dann den Kuchen bei einer Hitze von 175 °C ca. 50 Minuten lang backen.
5. Die letzten 10 Minuten den Kuchen mit Alufolie abdecken.

Tipps:
Springform erst nach dem Abkühlen öffnen, damit die Füllung nicht reißt. Schmeckt sehr fruchtig, wenn vor dem Backen eingelegte Aprikosen auf der Füllung verteilt werden.

Knusper-Schoko-Nuss-Kekse

schwierigkeit: ★ ★
zubereitung: 🕓
menge: ca. 500g

- 125g Margarine
- 75g gemahlene Haselnusskerne
- 200g Weizenmehl
- 1 TL Backpulver
- 100g Vollrohrzucker
- 4 TL Kakaopulver
- 4 EL Sojamilch

1. In einem kleinen Topf die Margarine zum Schmelzen bringen.
2. Die gemahlenen Haselnusskerne in einer kleinen Pfanne kurz anrösten.
3. In einer Schale das Mehl zusammen mit dem Backpulver, den Haselnusskernen, Zucker und dem Kakaopulver gut verrühren. Dann die zerlassene Margarine und die Sojamilch hinzufügen und alles vermischen.
4. Auf einer Arbeitsfläche den Teig kneten und dann in einem Gefäß bedeckt ca. 30 Minuten im Kühlschrank ruhen lassen.
5. Den Teig mit einer Teigrolle ausrollen. Kreise oder andere Formen ausstechen und auf ein mit Backpapier ausgelegtes Backblech legen.
6. Im vorgeheizten Backofen bei 200°C ca. 12-15 Minuten backen.

Hinweis: Die Kekse werden erst knusprig, wenn sie abgekühlt sind.

Tipp:
Der Kakao kann auch durch die gleiche Menge an Schokostückchen ersetzt werden.

schwierigkeit: ★ ★ ★
zubereitung: 🕒 🕒 🕒
menge: 12-14 Stück

Donuts

Teig:

- 500g Mehl
- 100g Zucker
- 125ml Sojamilch
- 125ml Wasser
- 1 Würfel Frischhefe
- 8 EL Öl
- 1 Prise Salz

weitere Zutaten:

- 750ml Öl (zum Frittieren)

1. Mehl und Zucker in einer Schüssel miteinander mischen.
2. Die Sojamilch und das Wasser in einen Becher geben. Dann den Hefewürfel hineinbröseln und unter Rühren in der Flüssigkeit auflösen.
3. Die Flüssigkeit zu der Mehl-Zucker-Mischung geben und Öl und Salz hinzufügen. Alles verrühren, aus der Schüssel nehmen und zu einem geschmeidigem Teig kneten. Die Schüssel einfetten, den Teig wieder hineingeben und bedeckt (damit der Teig nicht austrocknet) an einem warmen Ort etwa 30-45 Minuten gehen lassen.
4. Danach den Teig aus der Schüssel nehmen, etwas Mehl dazugeben und nochmals kneten. Dann aus dem Teig 12-14 Kugeln formen. Für reguläre Donuts mit einem Hilfsmittel oder mit den Fingern ein ca. 2cm großes Loch in der Mitte formen. Für Donuts mit Füllung einfach die Kugel etwas abflachen und kein Loch stechen.
5. Die geformten Donuts noch einmal ca. 30 Minuten an einem warmen Ort auf einer gefetteten Oberfäche und bedeckt gehen lassen.
6. In einer hohen Pfanne ca. 750ml Öl (je nach Größe der Pfanne – die Donuts sollten gerade darin schwimmen können, sonst kleben sie am Boden fest) auf 180°C erhitzen.
7. Dann die Donuts, am besten auf einem Pfannenwender, vorsichtig in das heiße Öl geben. Von beiden Seiten frittieren, bis sie goldbraun sind.
8. Aus der Pfanne nehmen und auf ein Rost legen, damit das Öl abtrofen kann.

Tipp:
Einen Holzstiel in das Öl halten. Wenn dieses daran Blasen schlägt, hat das Öl die richtige Temperatur

Variationen:

Zuckerglasur:
Etwas Puderzucker mit Wasser anrühren und über die Donuts streichen.

Schokoglasur:
100g Zartbitterschokolade mit 2 EL Margarine schmelzen und gut verrühren. Donuts damit einstreichen.

Boston Cream Donuts:
Die Donuts ohne Loch oben aufschneiden, etwas Teig entfernen und mit Vanillepudding füllen. Dann wieder verschließen und mit einer Schokoladenglasur bestreichen.

Deko:
Mit gehackten Mandelblättchen, Nüssen, Kokosraspeln oder Schokostreuseln lassen sich die frisch glasierten Donuts bestens dekorieren!

schwierigkeit: ★ ★
zubereitung: 🕓 🕓 🕓

Donauwelle

Teig:

- 2 EL Sojamehl
- 4 EL Wasser
- 250g Mehl
- 125g Rohrohrzucker
- 2 TL Backpulver
- 1 TL Vanillezucker
- 2 EL Kakaopulver
- 125g Margarine
- 150ml Sojamilch
- 300g-400g Sauerkirschen

Pudding:

- 1/2 Pck Vanillepuddingpulver
- 250ml Sojamilch
- 2 EL Rohrohrzucker

Belag:

- 75g Zartbitterschokolade
- 1 EL Margarine

1. Das Sojamehl und das Wasser in einer großen Schale vermischen. Danach die trockenen Zutaten hinzufügen und alles gut vermengen. Margarine und Sojamilch dazugeben und mit einem Handrührgerät mixen.
2. Die Kirschen in einem Sieb abtropfen lassen.
3. Jetzt eine Hälfte des Teigs in eine gefettete Springform geben und die Kirschen darauf verteilen. Die andere Hälfte mit dem Kakaopulver mischen und dann auf die Kirschen geben und glattstreichen.
4. Im Ofen bei 200°C für 20-25 Minuten backen.
5. Den Pudding kochen und wenn der Kuchen ausgekühlt ist, darauf verteilen.
6. Nachdem auch der Pudding abgekühlt ist, die Zartbitterschokolade mit der Margarine in einem Gefäß im Wasserbad schmelzen, gut verrühren und dann auf dem Pudding verstreichen. Die Donauwelle ca. 1 Stunde an einem kühlen Ort stehen lassen, fertig!

Bananenwaffeln

schwierigkeit: ★ ★
zubereitung: 🕓 🕓
menge: 8 Waffeln

- 1 Banane
- 400ml Wasser
- 200g Mehl
- 2 TL Backpulver
- 50g Haferflocken
- 1 EL Agavendicksaft
- 1 TL Vanillearoma
- 1 TL Zimt

1. Die Banane in einer Schüssel zerdrücken, das Wasser dazugießen und beides gut vermischen. Dann die übrigen Zutaten hinzufügen und unterrühren, bis ein cremiger Teig entsteht.
2. Das Waffeleisen ölen und dann mit einer Suppenkelle Teig hineingeben.
3. So lange backen, bis die Waffeln von beiden Seiten goldgelb sind.

Tipp:
Schmeckt auch super mit Puderzucker und heißen Kirschen.

schwierigkeit: ★ ★
zubereitung: 🕓 🕓
menge: ca. 10 Stück

Kokos-Streusel-Kekse

- 190g Mehl
- 50g Puderzucker
- 125g weiche Margarine
- 90g Kokosraspeln
- 160ml Ahornsirup oder Agavendicksaft

1. In einer Schüssel das Mehl, den Puderzucker und die Margarine zusammenmischen, so dass eine krümelige Konsistenz entsteht.
2. Den Teig in einer 1cm dicken Schicht auf ein gefettetes Backblech auftragen und festdrücken.
3. Im vorgeheizten Ofen bei 160°C ca. 20 Minuten lang backen.
4. Das Backblech aus dem Ofen nehmen, die Kokosraspeln mit dem Ahornsirup mischen und auf dem Teig verteilen. Nochmals 15-20 Minuten backen, bis der Teig goldbraun ist.
5. In viereckige Stücke schneiden, abkühlen lassen, voilá!

Schoko-Mokkatorte

schwierigkeit: ★ ★ ★
zubereitung: 🕓 🕓 🕓

450ml Sojasahne
1 Pck Sahnesteif
5 TL Instant-Kaffeepulver

Es wird außerdem benötigt:
Schokokuchen *(Seite 48)*

1. Den Schokokuchen zunächst zubereiten wie im Rezept, aber natürlich ohne den Schokobelag. Wenn der Kuchen vollständig abgekühlt ist, mit einem Messer längs halbieren und die obere Hälfte mit einem Kuchenheber oder einem ähnlichen Hilfsmittel (z.B. flaches Schneidebrett oder Springformboden) abnehmen.
2. Die Sojasahne mit Sahnesteif aufschlagen. Das Kaffeepulver dazu geben, verrühren und ca. 1 Stunde in den Kühlschrank stellen.
3. Dann etwas Sojasahne auf den unteren Teil des Tortenbodens auftragen. Vorsichtig wieder die obere Hälfte darauf legen und den Rest der Sojasahne auf dem Kuchen verteilen. Nochmals in den Kühlschrank stellen, bis die Sojasahne steif ist. Danach servieren oder selber essen.

schwierigkeit: ★ ★
zubereitung: 🕔 🕔
menge: ca. 12 Stück

Himbeer-Streusel-Kuchen

Kuchen & Süßes

- 150g Margarine
- 110g Puderzucker
- 260g Mehl
- ½ TL Zimt
- 60g gehackte Walnüsse
- 1 Prise Salz
- 300g Himbeeren

1. Zuerst den Backofen auf 180°C vorheizen.
2. Margarine und Puderzucker mit dem Handrührgerät mixen. Dann Mehl, Zimt, gehackte Walnüsse und eine Prise Salz mit einen Löffel unterrühren.
3. Eine Tasse der Mischung aufbewahren. Den Rest auf einem ca. 18 x 28cm großen, gefetteten Blech verteilen und festdrücken.
4. Die Himbeeren auf dem Teig verteilen und den Rest des Teiges als Streusel darüber geben.
5. Den Teig bei 180°C für 35 Minuten backen. Danach aus dem Ofen nehmen und 10 Minuten abkühlen lassen.
   In Stücke schneiden, fertig!

Zitronenkuchen

schwierigkeit: ★
zubereitung: 🕐 🕐

Teig:

300g Mehl
2 TL Backpulver
100ml Ahornsirup oder
Agavendicksaft
150ml Sojamilch
100g weiche Margarine
2 TL Sojamehl
4 TL Wasser

Glasur:

125ml Zitronensaft
(aus etwa 3 Zitronen)
100g Puderzucker

1. In einer großen Schüssel Mehl und Backpulver gut mischen.
2. In einer anderen Schüssel den Ahornsirup, die Sojamilch und die Margarine mit einem Handrührgerät vermischen.
3. Die 2 TL Sojamehl mit den 4 TL Wasser vermengen, so dass ein sämiger Brei ensteht.
4. Nun alle Zutaten zusammengeben und verrühren. Den Teig in eine eingefettete Kastenform füllen und im vorgeheizten Backofen für 1 Stunde bei 180°C backen.
5. Für die Glasur den Zitronensaft mit Puderzucker verrühren. Dann den fertigen, aber noch heißen Kuchen mit einem Holzspieß von oben mehrfach einstechen.
6. Ihn nun langsam mit dem Zitronenguss beträufeln, so dass dieser aufgesogen wird. Das kann etwas dauern.
7. Zum Ende hin etwas mehr Puderzucker beimischen und den Kuchen damit bestreichen.
8. Mindestens 1 Stunde ruhen lassen.

schwierigkeit: ★
zubereitung: (Uhr-Symbol)
menge: 6 Stück

Bananenmuffins

2 große, reife Bananen
50ml Ahornsirup oder Agavendicksaft
50ml Sonnenblumenöl
200g Vollkornmehl
1 TL gemahlener Kardamom
1 TL Zimt
2 gehackte Datteln
2 ½ TL Backpulver
1 TL Salz

1. Die Bananen zerdrücken, das Öl und den Sirup dazugeben und alles gut vermischen.
2. Die übrigen Zutaten unterrühren, in eine 6er-Muffinform füllen und bei 180°C im vorgeheizten Ofen 25 Minuten backen.
3. Danach aus dem Ofen nehmen und kurz abkühlen lassen. Dann aus der Form heben und zum Abkühlen auf ein Rost legen.

Hawaii Kuchen

schwierigkeit: ★ ★
zubereitung: 🕓 🕓

Teig:

200g Mehl
1 TL Backpulver
150g Rohrohrzucker
1/2 TL Zimt
150g Möhren
50g Walnüsse
200g Ananas-Stücke
5 EL Öl
100ml Wasser

Belag:

100g weiche Margarine
100g Puderzucker
2 EL Kokosmilch
etwas Vanillearoma
50g Kokosraspeln

1. Alle trockenen Zutaten in einer Schale vermengen. Dann Möhren raspeln, die Walnüsse hacken, die Ananas-Stücke zerkleinern und zusammen mit den flüssigen Zutaten den trockenen beimischen.
2. In eine gefettete Springform geben und bei 180°C 35-40 Minuten backen.
3. Die Margarine mit dem Puderzucker und der Kokosmilch mischen und mit einem Handrührgerät oder Schneebesen aufschlagen. Das Vanillearoma dazugeben und dann auf den erkalteten Kuchen auftragen.
4. Die Kokosraspeln darüber streuen und servieren.

schwierigkeit: ★
zubereitung: 🕓
menge: 8-10 Stück

Knusper-Schoko-Pralinen

100g Zartbitterschokolade
2 EL Margarine
6 EL gehobelte Mandeln
6 EL Cornflakes

1. Die Zartbitterschokolade und die Margarine in einem Wasserbad zerlassen und gut vermischen.
2. In einer Pfanne die Mandeln leicht rösten, dann zusammen mit den Cornflakes in eine Schale geben.
3. Die flüssige Schokolade hinzufügen und gut umrühren. Dann auf einen eingefetteten Teller legen und ca. 1 Stunde in den Kühlschrank oder an einen anderen kühlen Ort stellen.

Salate & Rohkost

schwierigkeit: ★ ★

zubereitung: 🕓 🕓

menge: ☺ ☺

Rohkost "Spaghetti"

Pasta:

- 1 Zucchini
- 1 Kohlrabi
- 3 Möhren
- 100g Rucola

Sauce:

- 50g Cashewkerne
- etwas Wasser
- 4 EL Olivenöl
- 2 TL Zitronensaft
- 2 mittelgroße Tomaten
- 1 kleine Hand voll Basilikum
- 2 TL Salz

Rohmesan:

- 2 EL Pinienkerne
- 2 EL Hefeflocken
- 1 Prise Salz

1. **Pasta:** Zucchini, Kohlrabi und Möhren waschen, schälen und in Streifen schneiden. Den Rucola waschen.
Alles in eine große Schüssel geben.

2. **Sauce:** Die Cashewkerne in ein hohes Gefäß geben, mit Wasser auffüllen und pürieren. Olivenöl, Zitronensaft, kleingeschnittene Tomaten, Basilikum und Salz dazufügen und nochmals pürieren.

3. **Rohmesan:** Die Pinienkerne in einem hohen Gefäß pürieren, in eine kleine Schale geben, mit Hefeflocken und Salz vermischen.

4. Die „Spaghetti" auf einem Teller anrichten, Sauce darüber geben und mit dem Rohmesan bestreuen. Voilá!

Rotkohl-Möhren-Salat

schwierigkeit: ★
zubereitung: 🕓
menge: ☺ ☺

- 100g Rotkohl
- 100g Möhren
- 100g Endiviensalat (oder Bataviasalat)
- 2 EL Sonnenblumenkerne

Dressing:

- 2 TL geraspelter Meerrettich
- 3 EL Sojamilch oder Sojajoghurt
- 3 TL Zitronensaft
- 1 TL Agavendicksaft (oder Zucker)
- Salz

1. Den Rotkohl in feine Scheiben schneiden. Die Möhren waschen und raspeln. Den Endiviensalat waschen und in Streifen schneiden.
2. Für das Dressing Meerettich, Sojamilch, Zitronensaft, Agavendicksaft und Salz in einer kleinen Schale anrühren und dann über den Salat gießen.
3. Die Sonnenblumenkerne in einer kleinen Pfanne leicht anrösten und über den Salat streuen.

schwierigkeit: ★
zubereitung: 🕓 🕓
menge: ☺ ☺

Fake-Thunfisch-Salat

250g Kichererbsen (bereits gekocht)
50g Staudensellerie
50g Gewürzgurken
50g Porree
oder 1 kleine rote Zwiebel
1 EL Hefeflocken
1 TL Sojasauce
1 TL Algenpulver
Salz & Pfeffer

Es werden außerdem benötigt:

150g Sojanaise *(Seite 8)*

1. In einer mittelgroßen Schale die Kichererbsen mit einer Gabel zerdrücken.
2. Den Staudensellerie, die Gewürzgurken und den Porree (oder die rote Zwiebel) sehr klein schneiden und dazugeben.
3. Alle anderen Zutaten hinzufügen und gut umrühren. Mit Salz und Pfeffer abschmecken. Guten Appetit!

Rote Bete-Apfel-Karottensalat

schwierigkeit: ★
zubereitung: 🕓
menge: ☺ ☺

- 2-3 mittelgroße Rote Bete
- 3 Äpfel
- 3 Möhren
- 8-10 Walnüsse

Dressing:

- 5 EL Sojamilch
- 1 EL Öl
- 1 TL Zitronensaft
- 1 ½ TL Agavendicksaft oder Zucker
- 1 Prise Salz

1. Rote Bete, Äpfel und Möhren schälen oder waschen. Mit einer Reibe alles raspeln.
2. In eine kleine Schale Sojamilch, Öl, Zitronensaft, Agavendicksaft und Salz geben und verrühren.
3. Die Walnüsse zerkleinern und in einer Pfanne kurz anrösten.
4. Rote Bete, Äpfel und Möhren auf einem Teller anrichten, das Dressing darübergeben und mit den Walnüssen bestreuen.

schwierigkeit: ★
zubereitung: 🕓 🕓
menge: ☺ ☺ ☺

Apfel-Lauch-Ananas-Salat

- 2 kleine Stangen Porree
- 1 halbe Sellerieknolle
- 4 Äpfel
- 1 kleine Dose Ananasstücke

Es werden außerdem benötigt:

- 250ml Sojanaise *(Seite 8)*

1. Den Porree in kleine Scheiben schneiden. In ein Sieb oder einen Durchschlag kippen und dann mit kochendem Wasser überbrühen. Die Sellerieknolle schälen und raspeln. Die Äpfel schälen und in kleine Würfel schneiden und die Ananasstücke abgießen. Nun alles in eine große Schale geben.

2. Dann Sojanaise dazurühren und das Ganze am besten über Nacht ziehen lassen. Voilá!

Brot

schwierigkeit: ★
zubereitung: ◷

Fünf-Minuten-Brot

- 1 Pck Frischhefe
- 1 TL Salz
- 500ml lauwarmes Wasser
- 500g Dinkel- oder Weizenvollkornmehl
- 50g Sonnenblumenkerne
- 50g Leinsamen
- 50g Sesam
- 2 EL Obstessig
- Öl

1. Die Hefe in das Wasser bröseln und unter Rühren darin auflösen.
2. Die trockenen Zutaten in einer Schale vermischen. Dann die Hefe-Wasser-Mischung und den Essig hinzugeben und alles kräftig verrühren.
3. Den dickflüssigen Teig in eine gefettete Kastenform geben und oben etwas mit Öl bestreichen.
4. Das Brot im vorgeheizten Backofen bei 175°C ca. 50 Minuten backen. Damit das Brot nicht zu sehr austrocknet, empfiehlt es sich, eine kleine, hitzebeständige Schale mit Wasser in den Ofen zu stellen.
5. Mit einem Holzstab testen, ob das Brot fertig ist. Dies ist der Fall, wenn kein Teig am Stab kleben bleibt, nachdem du ihn ins Brot gesteckt hast. Ansonsten nochmals ca. 5 Minuten backen und erneut testen.

Tipps:
Die Körner können auch gegen andere Zutaten ausgetauscht werden, wie etwa: Rosinen, Mandeln, Nüsse, Kürbiskerne, Zwiebeln, getrockente Tomaten etc...

Als Brotgewürz eigenen sich Anis, etwas Kümmel, Fenchel und Koriander, die vorher im Mörser zermahlen wurden.

Brötchen

schwierigkeit: ★ ★
zubereitung: 🕓 🕓
menge: 10-12 Stück

- 500g Mehl
- 1½ TL Salz
- 1 TL Trockenhefe
- 35g Margarine
- 140ml Sojamilch
- 180ml Wasser

1. Zuerst die trockenen Zutaten in einer Schüssel mischen. Dann die restlichen Zutaten hinzugeben.
2. Nun die Mischung auf einer mit Mehl bestäubten Oberfläche ca. 10 Minuten lang kneten, bis der Teig weich und elastisch ist.
3. Zurück in die Schüssel legen, mit einem feuchten Tuch bedecken und ca. 30 Minuten an einem warmen Ort gehen lassen (im lauwarm aufgeheizten Ofen etwa).
4. Den Teig danach in 10-12 Bällchen teilen und diese in die gewünschte Form bringen.
5. Auf ein eingefettetes Backblech legen und im warmen Ofen nochmals ca. 30 Minuten mit einem feuchten Tuch bedeckt gehen lassen.
6. Danach das Tuch entfernen und die Brötchen für 12-15 Minuten bei 175°C backen. Wenn die Brötchen fertig sind, aus dem Ofen nehmen und auf einem Rost abkühlen lassen.

Tipp:
Aus dem Teig lässt sich anstatt der Brötchen auch prima Baguette backen.

schwierigkeit: ★ ★
zubereitung: 🕓 🕓 🕓

Oliven-Focaccia

Focaccia ist ein Fladenbrot der ligurischen Küche aus einfachem Hefeteig, der vor dem Backen mit Olivenöl und Salz, ergänzend mit Kräutern und weiteren Zutaten belegt wird. Die Ursprünge der Focaccia gehen bis ins Altertum zu den Etruskern zurück. Die Römer nannten sie Panis focacius (von lateinisch focus, „Herd“). Sie gilt als Vorläufer der Pizza.

- 2 TL Trockenhefe
- 300ml warmes Wasser
- 1 TL Zucker
- 450g Mehl
- 1 TL Salz
- 6-7 Oliven
- 4-5 getrocknete Tomaten
- 2 TL Rosmarin
- 2 TL Oregano
- 1 TL Salz
- 1 TL schwarzer Pfeffer
- 2 TL Olivenöl

1. Die Trockenhefe zusammen mit dem warmen Wasser und Zucker in einer großen Schüssel anrühren und für 10 Minuten stehen lassen.
2. Mehl und Salz dazugeben und gut verrühren.
3. Den Teig aus der Schüssel nehmen und auf einer mit Mehl bedeckten Fläche 5 Minuten kneten, bis dieser weich und elastisch ist.
4. Den Teig zurück in die Schüssel geben. Dann mit einem feuchten Tuch bedeckt ca. 1 Stunde gehen lassen, bis der Teig etwa die doppelte Menge erreicht hat.
5. Die Oliven und die getrockneten Tomaten kleinschneiden und mit den Gewürzen mischen.
6. Den Teig nochmals kneten und in eine längliche Form ziehen. Jetzt mit den Figerspitzen leichte Vertiefungen in den Teig drücken, damit die Gewürzmischung nicht vom Brot läuft.
7. Mit Olivenöl bestreichen und dann die Gewürzmischung darauf verteilen.
8. Im vorgeheizten Backofen bei 200°C etwa 15-20 Minuten backen, bis das Brot leicht braun ist.

Tipp:
Vor dem Backen den Teig teilen, kleingeschnittenes Gemüse hineingeben und mit der anderen Hälfte bedecken - schon wird daraus eine Calzone!

Vollkornbrot

schwierigkeit: ★ ★ ★
zubereitung: 🕒 🕒 🕒

- 200ml warmes Wasser
- ½ TL Rohrohrzucker
- 1 Pck Frischhefe
- 200ml warme Sojamilch
- 2 TL Apfelessig
- 2 EL Leinsamen
- 1 EL Rohrohrzucker
- 2 TL Salz
- 600g Vollkornmehl

1. Das Wasser in ein Gefäß füllen und den Zucker darin auflösen. Die Frischhefe hineinbröseln und unter rühren auflösen. An einen warmen Ort stellen. Danach sollte sich durch die Hefe ein Schaum bilden.
2. In einer großen Schüssel warme Sojamilch und Essig anrühren. Die Leinsamen, Zucker, Salz, die Hefe-Wasser-Mischung und das Mehl hinzufügen. Alles gut verrühren.
3. Den Teig aus der Schüssel auf die mit Mehl bedeckte Arbeitsfläche geben und durchkneten. Wenn der Teig zu feucht ist, etwas Mehl hinzufügen.
4. In eine geölte Schüssel geben, abdecken und dann an einem warmen Ort ca. 1 Stunde gehen lassen. Danach den Teig herausnehmen, mit etwas Mehl bestäuben und nochmals kneten.
5. Den Ofen kurz vorheizen auf ca. 25-35°C. Dann ein Backblech einölen. Den Teig in die gewünschte Form bringen, mit etwas Mehl bestäuben, auf das Backblech geben und dort weitere 30 Minuten gehen lassen.
6. Nachdem sich der Teig verdoppelt hat, das Brot ca. 30 Minuten bei 175°C backen. Damit der Teig nicht zu sehr austrocknet, eine kleine hitzebeständige Schale mit Wasser in den Ofen stellen.

Tipp:
Aus dem Teig lassen sich auch gut zwei kleinere Brote backen.

schwierigkeit: ★ ★
zubereitung: 🕓 🕓
menge: 4 Stück

Weizenmehltortillas

- 200g Mehl
- 1 EL Salz
- 1 TL Backpulver
- 100ml Wasser
- 1 EL Öl

1. In einer Schale das Mehl mit dem Salz und Backpulver gut mischen Dann die flüssigen Zutaten hinzugeben und verrühren.
2. Teig aus der Schale nehmen und etwa 5 Minuten kneten. Nun aus dem Teig 4 Kugeln formen. Diese erst mit den Händen zu kleinen Fladen drücken und dann mit der Teigrolle auf Pfannengröße so dünn wie möglich ausrollen.
3. Die Pfanne erhitzen und den Boden etwas mit Mehl bedecken. Nun den Fladen hineinlegen. Nach kurzer Zeit wenden. Wenn sich auf beiden Seiten kleine braune Blasen im Teig bilden, ist der Fladen fertig. Die gebratenen Fladen zwischen zwei Tellern lagern, damit sie nicht austrocknen.

Tipp:
Mit Gemüse und Beilagen wie Seitan, Tofu oder Bratlingen gefüllt, werden daraus Wraps. Auf Seite 19 findest du ein Rezept für Burritos. Aber natürlich eignen sich die Tortillas auch vortrefflich als Beilage zu Salaten und Suppen.

Brotaufstriche & Dips

schwierigkeit: ★
zubereitung: 🕓 🕓
menge: 250g

Hummus

Hummus ist eine beliebte orientalische Vorspeise, die mit dünnem Fladenbrot gedippt und gemeinsam mit anderen ähnlichen Vorspeisen gegessen wird. Hummus zählt vor allem in Israel, Palästina, im Libanon und Syrien zu den Nationalspeisen, ist aber im gesamten Nahen Osten als Speise verbreitet.

- 175g Kichererbsen (vorgekocht)
- 125ml Wasser
- 2 Knoblauchzehen
- 2 EL Olivenöl
- 2 EL Zitronensaft
- 2 EL Sesampaste (Tahin)
- Salz
- 1 Msp Cayennepfeffer
- 2 TL süßes Paprikapulver

1. Die Kichererbsen in ein hohes Gefäß geben, das Wasser dazugießen und pürieren.
2. Die Knoblauchzehen schälen, zerkleinern und mit allen anderen Zutaten außer dem Paprikapulver zum Kichererbsenbrei geben und nochmals pürieren. Dabei sollte eine glatte, nicht zu feste Paste entstehen. Ist sie zu dick, etwas Wasser zugeben.
3. Den Hummus mit Salz abschmecken, auf einen Teller geben und mit Paprikapulver bestreuen. Optional etwas Olivenöl darüber gießen.

Tipp:
Dazu schmeckt Pitta-Brot, Vollkornbrot (Seite 85) oder auch verschiedene Gemüsestückchen zum Dippen.

Sonnenblumenkern-Streich

schwierigkeit: ★
zubereitung: 🕐
menge: 250g

- 100g Sonnenblumenkerne
- 50ml Wasser
- 2 EL Tomatenmark
- 2 EL Olivenöl
- 2 TL Zitronensaft
- ½ TL Salz

Varationen:

Tomate-Oregano:
6 EL Tomatenpassata
2 EL Hefeflocken
4 TL Oregano
4 TL süßes Paprikapulver
2 TL Sojasauce

Curry:
3-4 TL Currypulver
3-4 EL Hefeflocken

Apfel-Zwiebel:
70g angebratene Gemüsezwiebelwürfel
100g angebratene Apfelstückchen

1. Über Nacht die Sonnenblumenkerne in der dreifachen Menge Wasser einweichen.
2. Die Sonnenblumenkerne in ein hohes Gefäß geben und mit 50ml Wasser auffüllen. Mit einem Pürierstab pürieren, bis eine cremige Konsistenz entsteht.
3. Tomatenmark, Olivenöl, Zitronensaft und Salz hinzufügen. Dann, je nach Geschmacksrichtung, Zutaten dazugeben und alles nochmals pürieren.

schwierigkeit: ★ ★
zubereitung: 🕓 🕓
menge: ca. 400g

Baba Ghanoush

500g Auberginen
3 EL Sesampaste (Tahin)
3 EL Zitronensaft
2 EL Olivenöl
2 Knoblauchzehen
Salz & Pfeffer

1. Die Auberginen waschen und mit einer Gabel mehrmals einstechen. Im Backofen bei 220°C auf einem Backblech etwa 30 Minuten backen, bis sie weich ist.
2. Das Auberginenfleisch aus der Schale kratzen und zusammen mit Sesampaste, Zitronensaft und Olivenöl in einer Schüssel pürieren. Etwas Wasser hinzufügen, wenn die Masse zu dickflüssig ist.
3. Knoblauch pressen und unterrühren und alles mit Salz und Pfeffer abschmecken.

Tipp:
Eignet sich ausgezeichnet als Dip zu Fladenbrot oder Tortillas (Seite 86). Sehr gut schmecken dazu schwarze Oliven

Guacamole

schwierigkeit: ★
zubereitung: 🕓
menge: 300g

Guacamole ist ein Avocado-Dip aus der mexikanischen Küche. Dort wird er zum Beispiel zu Taquitos, Tortilla Chips oder als Beilage gegessen.
Das Wort „Guacamole“ stammt von dem Nahuatl-Wort „ahuacamolli“, was soviel wie „Avocadosauce“ bedeutet.

- 2 reife Avocados
- 2 Tomaten
- 1 Knoblauchzehe
- Saft einer großen Zitrone
- 1 Prise Chilipulver
- Salz
- 1 TL süßes Paprikapulver

1. Fruchtfleisch der reifen Avocados mit einem Löffel entnehmen und mit einer Gabel in einer Schale zerdrücken, bis die Konsistenz breiig ist.
2. Die Tomaten kurz in kochendes Wasser geben und danach häuten. Sehr klein schneiden und dazugeben.
3. Kleingehackten Knoblauch, Zitronensaft und die Gewürze dazugeben und verrühren.
4. Paprikapulver darüber streuen. Voilá!

Tipp:
Da die Oberfläche leicht bräunlich werden kann, einfach vor dem Servieren nochmal kräftig umrühren!

schwierigkeit: ★
zubereitung: 🕓 🕓
menge: 200g

Grünkernaufstrich

Grünkern ist das halbreif geerntete und unmittelbar darauf geröstete Korn des Dinkels. Als Wintergetreide wird Dinkel im Juli eingebracht und anschließend getrocknet. Grünkern ist nach verschiedenen Berichten vor mehreren hundert Jahren in Süddeutschland erstmals hergestellt worden.

- 50g Margarine
- 1 Zwiebel
- 50g Grünkernschrot
- 1 Knoblauchzehe
- 2 EL Hefeflocken
- 100ml Gemüsebrühe
- Zitronensaft
- Senf
- Kräutersalz
- Pfeffer
- Muskatnuss

1. Die Margarine in einem Topf zerlassen. Dann die kleingeschnittene Zwiebel dazugeben und solange braten, bis sie glasig ist.
2. Den Grünkernschrot dazugeben und kurz anbraten. Dann die zerkleinerte Knoblauchzehe, Hefeflocken sowie die Gemüsebrühe dazugeben und kurz aufkochen. Alles im Topf ca. 5 Minuten nachquellen lassen.
3. Dann pürieren und mit Zitronensaft, Senf und den Gewürzen abschmecken. Damit er fest wird, in den Kühlschrank stellen.

Tipp:
Ergänzend können auch noch frische Kräuter wie Petersilie, Schnittlauch etc. kleingehackt und untergemischt werden.

Linsenaufstrich

schwierigkeit: ★
zubereitung: 🕓 🕓
menge: 950g

- 1 Zwiebel
- 1 EL Olivenöl
- 150g Sonnenblumenkerne
- 200g kleine, braune Linsen
- 4 TL Gemüsebrühepulver
- 500ml Wasser
- 1 TL Rosmarin
- 2 EL Tahin
- 1 EL Hefeflocken
- 2 TL Zitronensaft
- Kräutersalz und Pfeffer

1. Die Zwiebel klein schneiden und in einem größeren Topf in etwas Öl anbraten.
2. In einer Pfanne die Sonnenblumenkerne anrösten.
3. Die Linsen und das Gemüsebrühepulver zu den Zwiebeln geben. Alles mit Wasser auffüllen und gut verrühren. Dann ca. 25 Minuten bei geringer Hitze kochen, gelegentlich umrühren.
4. Nun die Sonnenblumenkerne hinzufügen.
5. Jetzt noch etwas Wasser nachgießen und nochmal 5 Minuten weiterköcheln lassen.
6. Mit einem Pürierstab pürieren und bei Bedarf noch etwas Wasser hinzufügen.
7. Die restlichen Zutaten dazu geben. Mit Salz und Pfeffer abschmecken. Ferrtig!

schwierigkeit: ★ ★
zubereitung: 🕒 🕒
menge: 350g

Schokocreme

- 125g Margarine
- 100g Zartbitterschokolade
- 1-2 EL Sirup oder Zucker
- 150g gemahlene Haselnüsse

1. Margarine und Schokolade in einem kleinen Topf bei geringer Hitze und unter ständigem Rühren schmelzen.
2. Die anderen Zutaten hinzugeben und alles vermischen.
3. In ein verschließbares Glas füllen und im Kühlschrank kalt stellen.

Tipp:
Vor dem Verzehr rechtzeitig aus dem Kühlschrank nehmen.

Tofu-Frisch-Creme

schwierigkeit: ★
zubereitung: 🕓
menge: 300g

- 50g Cashewkerne
- 6EL Wasser
- 200g Tofu
- 2 TL Salz
- 2 TL Zitronensaft
- 1 EL Olivenöl

1. Die Cashewkerne mit dem Wasser in ein hohes Gefäß geben und pürieren.
2. Den Tofu dazugeben und weiter pürieren bis eine cremige Konsistenz entsteht.
3. Salz, Zitronensaft und Öl hinzufügen, gut verrühren, fertig!

Tipp:
Schmeckt auch sehr lecker, wenn frische, gehackte Kräuter beigemischt oder drübergestreut werden.

Das basic Küchenrepertoire

Die folgenden Utensilien sollten sich in deiner Küche wiederfinden und dir ein ungetrübtes und erfolgreiches Kocherlebnis ermöglichen:

Unentbehrlich bis wichtig:

Messer
Das A und O der Küche. Ein Allzweck- oder Officemesser ist etwa 9-15cm lang und spitz zulaufend und zum Putzen, Schneiden und Schälen von Gemüse und Obst optimal. Ein Tomatenmesser hat im Unterschied zum Allzweckmesser eine Sägezahnung der Schneide und ist deshalb besonders für Tomaten und anderes weiches Gemüse geeignet.

Sparschäler
Eignet sich hervorragend, um schnell und ökonomisch eine Menge Obst und Gemüse mit glatter, dünner Schale zu schälen.

Pfannenwender
Ist dieser aus Kunststoff, besteht die Gefahr der Überhitzung, und Metall macht zu viele Kratzer.
Daher empfehlen wir einen Pfannenwender aus Holz.

Schneidebrett
Ein Glasbrett ist hier die hygienischste Option. Aber natürlich sind auch Bretter aus Holz oder Kunststoff okay. Am besten ab 20x30cm und größer.

Messbecher
Sehr wichtig. Viele Messbecher haben neben einer Milliliter-Skala noch zusätzliche Angaben zu anderen Maßformaten, was hin und wieder nützlich sein kann.

Waage
Eine kleine Waage bis 1kg eignet sich für die Rezepte in diesem Buch am besten, da diese bei kleineren Mengen genauer ist.

Teigrolle (oder alternativ eine Flasche)
Mit einer Teigrolle lässt sich der Teig schnell und gleichmäßig verteilen.
Besonders hilfreich bei Pizza, Tortillas und Blechkuchen.

Schneebesen
Eignet sich sehr gut, um Saucen, Suppen, Puddings etc. anzurühren, ohne dass dabei Klümpchen entstehen.

Pürierstab
Unentbehrlich für Aufstriche und Suppen. Nüsse und Samen kannst du damit auch prima zerkleinern.
Außerdem gut geeignet zur Herstellung von köstlichen Shakes und Smoothies!

Schalen
Eine Plastikschale ist für Hefeteig, der ja noch gehen muss, nützlich. Sie eignet sich aber auch für jede andere Art von Teig.

Wok
Eine tolle Sache für größere Mahlzeiten, da hier der Inhalt sehr ökonomisch und schonend gegart wird.

Bratpfanne
Mit einer guten Bratpfanne macht das Braten doppelt soviel Spaß. Eine reguläre Edestahlbratpfanne ist extrem robust und hat sehr gute Wärmeleiteigenschaften. Beschichtete Pfannen sind zwar praktisch, doch haben sie nur eine relativ geringe Lebensdauer. Außerdem ist es gefährlich sie zu hoch zu erhitzen, und bei der Herstellung der Beschichtung werden sehr umweltschädliche Stoffe genutzt.

Kochtopf
Klar, ohne Kochtopf lässt sich schlecht kochen. Am besten ist hier auch wieder Edelstahl. Ein großer und ein kleiner Topf sind für die Zubereitung der Gerichte in diesem Buch zu empfehlen. Prima ist auch ein Stieltopf, da sich dieser gut mit einer Hand abgießen lässt.

Sieb
Ein Salatsieb ist schon mal extrem wichtig und ein kleines Sieb eignet sich, um etwa Kakao oder Mehl zu sieben, Tee zuzubereiten etc.

Hilfreich aber nicht notwendig:

Reibe
Für Salate oder auch Raspeln jeglicher Art.

Siebkelle
Zum Schöpfen von allem Frittierten aus Öl, wie etwa beim Tempura (Seite 21).

Knoblauchpresse
Spart Zeit und verschont dich vor aufdringlichem Knoblauchgeruch an deinen Fingern.

Mörser
Hilfreich zum zerkleinern von vielen Gewürzen und Kräutern.

Kunststoffspachtel
Zum Glattsreichen bzw. Auftragen von Füllungen, Kuvertüre oder anderen Belägen.

Rezepteverzeichnis

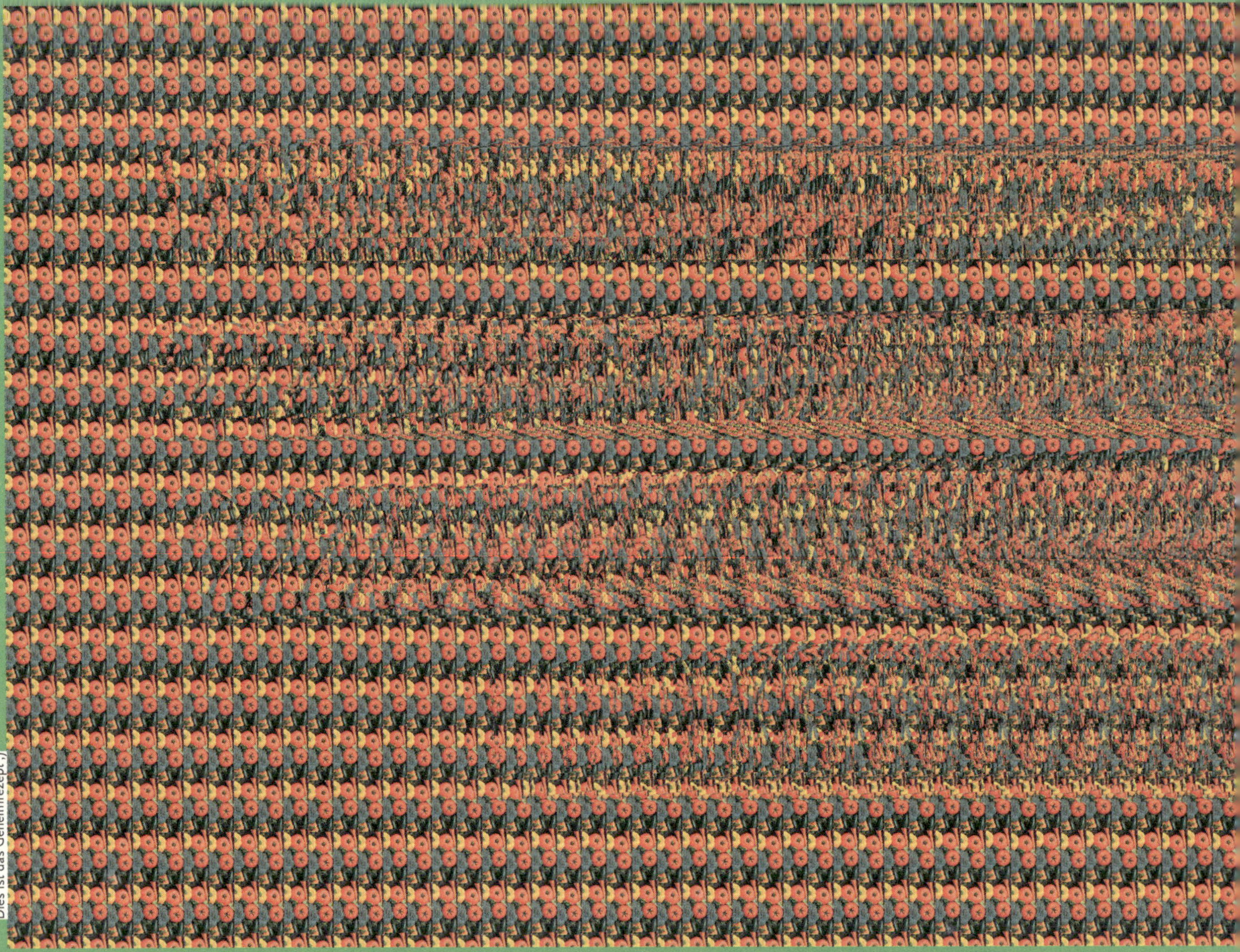
Dies ist das Geheimrezept ;)